Schloss und Hofgarten

Veitshöchheim

Amtlicher Führer

Bearbeitet von
Jost Albert
und
Werner Helmberger

Bayerische
Schlösserverwaltung

Inhalt

Flöte spielender Putto, F. Tietz (Nr. 48)

Geschichtlicher Überblick

ANFÄNGE

Die Entstehungsgeschichte des Hofgartens in Veitshöchheim setzt im Jahre 1619 mit dem Erwerb zweier Schlösschen nahe der Pfarrkirche zum heiligen Veit durch das Hochstift Würzburg ein. Südöstlich der Kirche erhob sich das kleine Wasserschloss der Reinstein, das sich noch heute im Grundriss des katholischen Gemeindezentrums südöstlich

Schießturm, der sogenannte »Blaue Turm«

Musenberg Parnass vom Großen Rondell aus gesehen

der Pfarrkirche St. Veit hinter dem ehemaligen »Küchenbau« abzeichnet; es wurde das »obere« Schloss genannt. Nordöstlich hatten die Echter ihren Sitz, an der Stelle, wo 1748 der lang gestreckte »Kavalierbau« errichtet wurde; das Herrenhaus der Echter hatte das »untere« Schloss geheißen (vgl. Plan S. 10). Der Erwerb der beiden Anwesen durch das Hochstift ging vermutlich auf die Initiative zweier Angehöriger des Hauses Echter zurück: der Susanne von Echter-Pappenheim, der zuletzt beide Schlösschen gehörten, und des 1617 verstorbenen Würzburger Fürstbischofs Julius Echter von Mespelbrunn (reg. 1573–1617), des Erneuerers des Bistums Würzburg.

Das anschließende Gartengelände wurde im Osten und Westen von Straßen begrenzt. Nach Süden hin endete es offenbar an jener Linie, die uns der Knick in der östlichen Umfassungsmauer andeutet (Übersichtsplan, bei Nr. 68). Die Stelle ist durch einen Schießturm markiert, den sogenannten »Blauen Turm«, der von den Würzburger Fürstbischöfen als Anstand bei den Jagden benutzt wurde. Schon 1629 begegnet uns als Hofgärtner dieses mit nutz- und ziergärtnerischen Anlagen sowie einer Fasanerie ausgestatteten Jagdsitzes ein Jörg Oth, Angehöriger jener Familiendynastie Veitshöchheimer Gärtner, die fast ununterbrochen bis zur Mitte des 19. Jahrhunderts Ausgestaltung und Pflege dieser Anlage besorgten.

Das erste »Sommerhaus« endete seitlich an den »Türmchen« des heutigen Mittelbaus

SOMMERHAUS UND TIERGARTEN

Fürstbischof Peter Philipp von Dernbach (reg. 1675–1683) griff 1681 durch Ankauf mehrerer Ländereien über die bis dahin bestehende südliche Grenzlinie des Besitzes hinaus. 1680–1682 ließ er durch den Werkmeister Heinrich Zimmer den Bau eines »Sommer- oder Lusthauses« durchführen. Es bildet den Mittelteil des heutigen Schlosses ohne die später hinzugefügten seitlichen Anbauten. Der oblonge, von vier Ecktürmen umstellte Pavillon öffnete sich damals an den beiden Hauptfronten in Arkaden zum Garten. Erst 1692 unter Fürstbischof Johann Gottfried von Guttenberg (reg. 1684–1698) wurden an den Schmalseiten würfelförmige Erweiterungen angefügt (Abb. S. 45). Die Komposition krönte eine sich zur Mitte aufstaffelnde Gruppe geschweifter Dächer, die gedrungener gebildet war als heute. Dieser zentralisierende Bau ist in seinen Grundzügen dem würzburgischen Hofbaumeister Antonio Petrini (1621–1701) zuzuweisen, auch wenn die Ausführung im Einzelnen vom Werkmeister Zimmer besorgt wurde. Als Rahmen des Lusthauses entstand ein kleiner quadratischer Blumengarten, etwa auf der Fläche, die heute das große Schlossparterre einnimmt.

Sommerhaus und Blumengarten wurden auf das als Vogtei dienende Wasserschloss und auf die Dorfstraße hin orientiert. Daraus ergab sich die Anlage eines Vorbereichs mit Haupteingang und Auffahrt. Daran schloss sich nach Osten der Blumengarten mit dem Sommerhaus an. Nörd-

lich des Blumengartens lagen ein Nutzgarten und ein Karpfenteich, südlich davon erstreckte sich ein größerer Baumgarten; vorerst noch ein von wenigen parallelen und diagonalen Wegen unterteiltes Gehölz für Fasane und Wild. Die gesamte Anlage war demnach noch ein ausgesprochenes Mischgebilde, ein »*großer Lust-, Zier-, Blumen-, Obst- und Küchengarten*« mit Tiergehege und Seen. Der Umfang des Besitzes war noch nicht endgültig festgelegt. Fürstbischof Johann Gottfried von Guttenberg stieß 1686 wieder mehrere der unter Dernbach angekauften Flächen ab und reduzierte das Gartengebiet auf seine heutige Größe.

Fürstbischof Johann Philipp von Greiffenclau (reg. 1699–1719)

WENDE ZUM ZIER- UND LUSTGARTEN

Mit Beginn des 18. Jahrhunderts setzte die Umwandlung der Fasanerie in einen repräsentativen Garten ein. Unter Fürstbischof Johann Philipp von Greiffenclau (reg. 1699–1719) wurden 1702–1703 die grundlegenden Arbeiten durchgeführt. Um den kleinen Schlossbau legte man eine schmale Terrasse und hob so das Sommerhaus aus dem Blumengarten heraus. Gleichzeitig wurde auch der nahezu quadratische Blumengarten durch seitliche Futtermauern mit zwei Pavillons in den Ecken der Westseite zu einem selbstständigen Gartenparterre ausgebaut. Der gesamte Garten erhielt eine hohe massive Umfassungsmauer. Dazu kam die Anlage von vier künstlichen Seen. Westlich vor dem Geviert des Parterregartens richtete man zwei

ovalförmige Bassins ein. Der dritte See entstand nordwestlich der Schlossterrasse, der vierte, sogenannte
»Große See« im südlichen Baum- und Heckengarten.
Letzterer sollte das beherrschende Motiv der gesamten
Anlage werden. Er wird noch heute, wie schon vor 300
Jahren, von den Quellen, die
an der östlichen Seite des
Gartens unter der Erdober-
fläche aus dem Hang treten,
mit Wasser gespeist. Zunächst
wurden die Quellen gefasst
und in einem Brunnenhaus
gesammelt (vgl. Abb. S. 10),
das etwa an der Stelle stand,
an der später die Kaskade
(Nr. 65) errichtet wurde. Mit-
tels einer unterirdischen Lei-
tung wurde das Wasser dann
in den Großen See geführt
und gelangte von dort über
einen unterirdischen Kanal
zum Main. Der Kanal führt
durch den von Heinrich Zim-

Fürstbischof
Johann Philipp
Franz von
Schönborn
(reg. 1719–
1724)

mer 1702 erbauten Wasserturm, den sogenannten »Gelben Turm« (Nr. 30); hier pumpte früher ein durch den
Druck der Strömung betriebenes unterschlächtiges
Schaufelrad Wasser in einen im Oberstock gelegenen
Behälter, aus dem es zur Bewässerung des Gartens und
später zur Versorgung der Wasserspiele abgelassen werden konnte.
Fürstbischof Johann Philipp Franz von Schönborn (reg.
1719–1724), der Begründer des Würzburger Residenz-
baues, setzte das Werk des Vorgängers fort, indem er 1721
durch den Wiesentheider Marck-Richter zur Entsumpfung
des Gebietes südlich vom Großen See eine weitere Wasserfläche, den sogenannten »Kleinen See« oder Baluster-

9

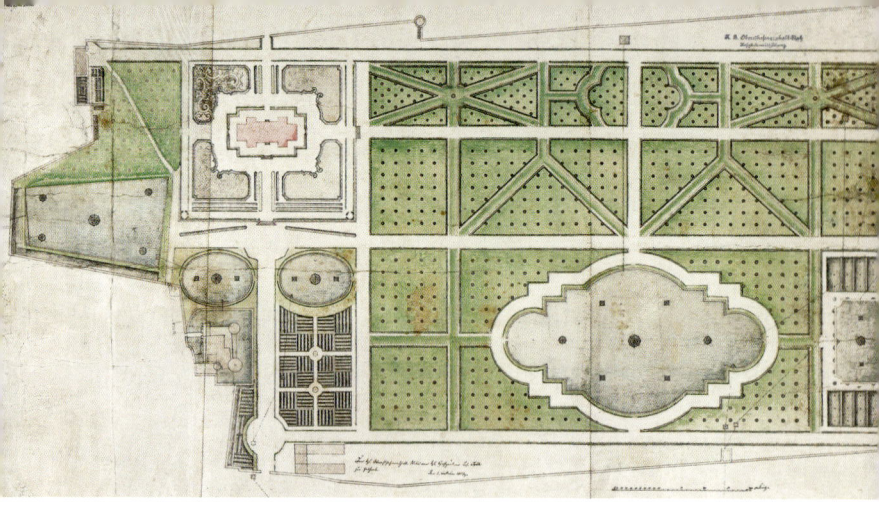

Erster bekannter Gartenplan, um 1720 entstanden

see, ausheben ließ. Unter Christoph Franz von Hutten (reg. 1724–1729) fand sich in Veitshöchheim zum ersten Mal die zyklische Gartenplastik ein. Man stellte 1725 die heute nicht mehr erhaltene Skulpturenfolge des Würzburger Greiffenclau-Schlösschens auf, das dem Residenzbau hatte weichen müssen.

Die 1702 begonnenen Bauarbeiten, insbesondere die Anlage der Seen und Wasserleitungen, waren offensichtlich nach einem Gesamtplan durchgeführt worden, der an die unter Dernbach getroffene Grundeinteilung des Gartens angeknüpft haben muss. Der erste uns überlieferte Plan ist wohl in der Regierungszeit Schönborns entstanden. Er steht am Beginn einer bis zur Säkularisation des Hochstifts reichenden Reihe von Gartenplänen, die teils im Original, teils in Nachzeichnung oder im Lichtbild erhalten sind. Drei der Originale wurden vom letzten der Veitshöchheimer Hofgärtner aus der Familie Oth, von Joseph Oth, 1857 dem Königlichen Obersthofmarschall-Stab in München aus altem Erbgut geschenkt und befinden sich heute im Besitz der Schlösserverwaltung. Wie Heinrich Kreisel in seiner Gartenmonographie aus dem Jahr 1953 zeigte, dürfte der älteste Gartenentwurf Antonio Petrini zuzuweisen sein (Abb. S. 10). Die Zeichnung des Planes wurde wohl vom Hofgärtner Georg Adam Oth besorgt. Die wesentlichen Züge dieser Komposition sollten alle späteren Umgestaltungen des Gartens bestimmen. Der in geometrische Figuren unterteilte Grundriss weist mehrere Längsachsen auf, die den Garten in lang gestreckte Zonen untergliedern. Der durchweg regelmäßig bepflanzte Baumgarten erhält durch einen umlaufenden Gang die Gestalt eines liegenden Rechtecks. Ihm gibt ein Netz von Wegen eine rasterförmige Unterteilung, die in den Anfängen des Gartens noch recht einfach durchgeführt war, im Laufe der Entwicklung jedoch immer detaillierter ausgestaltet wurde.

Die Hauptachsen der Gartenkomposition werden außer von den beiden west-östlich gerichteten Hauptquerachsen durch zwei weitere quer dazu verlaufende Längsachsen gebildet, die zum einen auf die Mitte der Seitenfront des Schlosses und zum anderen auf die Vorderseite der großen Schlossterrasse orientiert sind und damit den nördlichen und südlichen Gartenteil aufeinander beziehen. Damit waren schon früh die unterschiedlich breiten Zonen des südlichen Gartens definiert. Entsprechend der alten Planzeichnung wurde die große Schlossterrasse von vier rechtwinklig angelegten Zierbeeten mit prunkvollem Rankenornament beherrscht.

AUSBAU DER HOFHALTUNG

Die nächste Entwicklungsphase begann mit der Bautätigkeit des Fürstbischofs Anselm Franz von Ingelheim (reg. 1746–1749) und reichte bis zum Beginn des Siebenjährigen Krieges (1756–1763). Veitshöchheim wandelte sich nun von einem einfachen Quartier zum vorübergehendem Jagdaufenthalt in eine stattliche Sommerresidenz. Das nordöstlich der Dorfkirche gelegene Echter-Schlösschen wurde 1748 durch einen Kavalierbau zur Unterbringung größeren Gefolges ersetzt. Die Wappenkreuze Ingelheims zieren noch heute das Dach dieses Baus. 1749 wurde der Ausbau der Sommerresidenz nahtlos fortgesetzt, obwohl mit Carl Philipp von Greiffenclau (reg. 1749–1754) ein neuer Fürstbischof die Regierungsgeschäfte übernommen hatte. Das alte Reinstein'sche Wasserschloss südöstlich der Kirche wurde abgebrochen und von Balthasar Neumann (1687–1753), dem berühmten Architekten und Erbauer der Würzburger Residenz, durch ein dreiflügeliges Nebengebäude mit Wohnungen für die Dienerschaft sowie Stallungen und eine Remise ersetzt. Gleichzeitig entstand gegenüber dem Kavalierbau der zweigeschossige Küchentrakt und zwischen beiden ein schmales eingeschossiges Wachthaus. Diese Gebäude wurden zu Beginn des 20. Jahrhunderts zur Aufnahme der Lehranstalt für Wein-, Obst- und Gartenbau genutzt. Die wichtigste Baumaßnahme in der Mitte des 18. Jahrhunderts war jedoch die Erweiterung des alten Dernbach'schen »Sommer- oder Lusthauses« zu einem fürstlichen Sommersitz. Greiffenclau ließ 1749 bis 1753 nach Plänen von Balthasar Neumann die beiden seitlichen Flügelbauten anfügen und die geschweiften Dächer höher und schlanker erneuern (Abb. S. 48/49).

Im Nordteil der Sala terrena wurde ein Treppenhaus (Abb. S. 55) und im nordwestlichen Turmraum eine Hauskapelle (Abb. S. 75) eingebaut. Die Räume wurden neu ausgestattet; Antonio Bossi schuf die Stuckdecken der Wohnräume und den Altar in der Kapelle.

Der um 1760 entstandene Gartenplan gibt den Zustand des Gartens nach Greiffenclaus Tod 1754 wieder. Er ist von einem »Juris. Candidatus« Ferdinand Oth, offenbar einem Verwandten des Georg Joseph, signiert (Abb. S. 14/15). Es handelt sich hierbei wohl, wie bereits Heinrich Kreisel (1953, S. 26) feststellt, um die Kopie eines

älteren, aber verschollenen Originals. Die alte Parterre-
gestaltung wurde unter Greiffenclau kaum verändert,
ebenso wenig die Grundstruktur des südlichen Gartenareals, das nach wie vor von den regelmäßigen Baumpflanzungen dominiert wird. Neu sind die zahlreichen
Fichtenalleen, die den Großen See rahmen und wichti-
ge Wegeachsen betonen; so etwa die Mittelachse des
Baumgartens oder den breiten, auf die Südfront des
Schlosses gerichteten Quergang, der seitdem zur »Fichtenallee« schlechthin geworden ist. Verändert wurde
auch der Mittelteil der späteren Laubengangzone. Die
alten rasterförmigen Baumpflanzungen wurden gerodet
und durch zwei großflächige Nutzgartenpartien mit
kreuzförmigen Wegen und zwei Brunnenbecken ersetzt.
Auch die stärkere Differenzierung des Mittelbereichs in
der späteren Irrgartenzone wurde bereits unter Greiffenclau in Angriff genommen. Hier sind die Partien beiderseits der Mittelachse, die von den bogenförmigen
Umgängen umklammert werden, zu in sich abgeschlossenen Quellenplätzen ausgestaltet. Als Gegenpol zum
Großen See erscheint im Schnittpunkt von Mittelachse
und Fichtenallee ein großer Pavillon, und im nördlichen
Heckenboskett der mittleren Zone wurde ein Vogelhaus
aufgestellt. Schließlich ließ Greiffenclau zur Überwin-
terung frostempfindlicher Orangenbäume, auch »welsche Bäumlein« genannt, an der nördlichen Gartenmauer zwei kleine Glashäuser errichten. Auch dieser Gartenplan zeigt noch, wie der Gartenplan von 1720, das
alte Brunnenhaus im östlichen Gartenzwickel. An dieser Stelle wurde dann in den 1770er-Jahren die Kaskade errichtet.

Nach Greiffenclaus Planung sollten im Gartenparterre neben kunstvoll beschnittenen Formbäumchen zu beiden Seiten der vier Schlosszugänge Statuen aufgestellt werden.
Der Hofbildhauer Johann Wolfgang van der Auvera (1708 –
1756) erhielt 1752 den Auftrag zur Anfertigung von 14

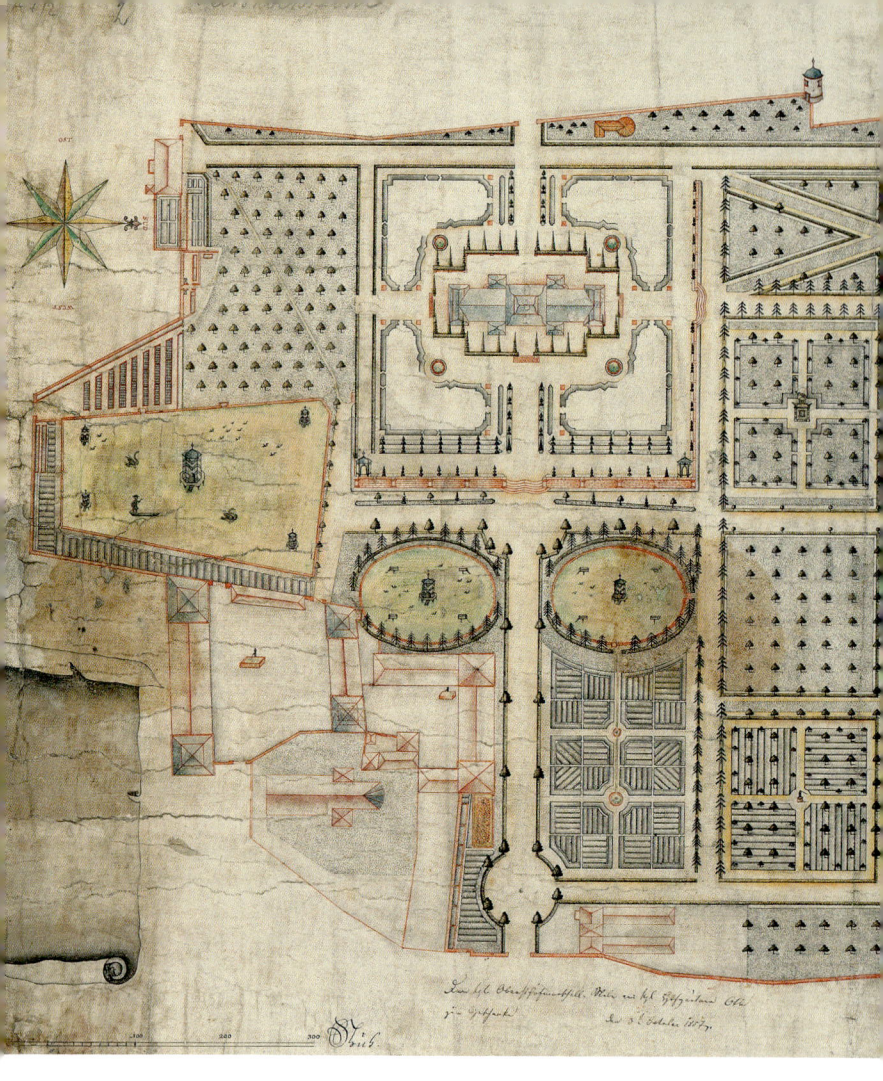

Gartenfiguren. Die größtenteils noch vorhandenen Werke stellen den Chor der Musen und eine Gruppe von Göttern dar. Sie stehen heute auf den Futtermauern der großen Schlossterrasse. Es folgte ein zweiter Vertrag zur Fertigung von Skulpturengruppen für den südlichen Gartenteil:

Schloss Seehof

96117 Memmelsdorf Tel.: 0951/409571
Bayerische Verwaltung der staatlichen
Schlösser, Gärten und Seen

Datum: 18.07.2012 / 14:15   Kassa: 1
Beleg: 401000068668   Stan

Schloß Veitshöchheim   5,00

                        GESAMT EUR   5,00

Mwst.%	Netto	Mwst	Brutto
7,00	4,67	0,33	5,00

               Betrag Währung   Kurs

              5,00 EUR   1,0000000
       Ust-Id-Nummer DE 129 523 435

          Vielen Dank !

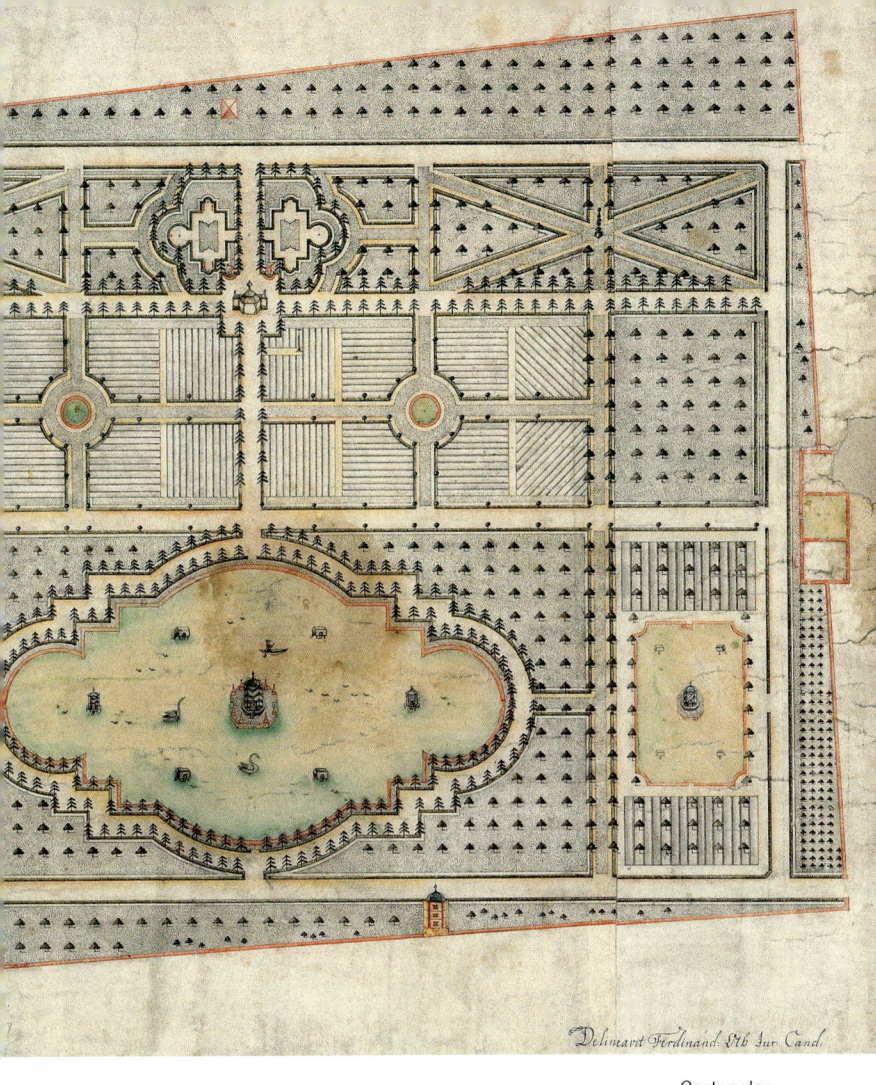

Delineavit Ferdinand. Stb. Jur. Cand.

Gartenplan, um 1760

Heroen, Monatsallegorien und Ziervasen. Für den Haupt-
eingang, das Fasanentor, wurden zwei Wächterfiguren in
Gestalt von Schweizergardisten in Auftrag gegeben.
Adam Friedrich von Seinsheim (reg. 1755–1779), der
Nachfolger Greiffenclaus, übernahm die von seinem

Vorgänger in Auftrag gegebene figürliche Ausstattung und führte die im Garten vorgenommenen baulichen Veränderungen weiter. Doch bis zum Ende des Siebenjährigen Krieges (1763) konnte er für Veitshöchheim nicht mehr als ein Verwalter des Erbes seiner Vorgänger sein.

ENTSTEHUNG DES KUNSTVOLLEN ROKOKO- GARTENS

Am 5. Februar 1763 gab Fürstbischof Seinsheim der Hofkammer seinen Entschluss bekannt, den Veitshöchheimer Garten neu gestalten zu wollen und besser pflegen zu lassen. Er habe »*mit eigenen Augen wahrzunehmen gehabt, wie sehr das dortige schöne Gartenwerk unter dem Namen einer Fasanerie bishero vernachlässigt worden und wie man vielartige Decorationes besonders an Alleen als die beste Zierde des Gartens größtenteils völlig eingehen lassen*«. Neben dem Ertrag sollte der Zierwert des Gartens – nunmehr unter völliger Preisgabe der »*an sich wenig importierenden*« Fasanerie – gesteigert werden. Dass mit diesem Programm ein in allen Teilen architektonisch und dekorativ durchgebildeter Lustgarten erreicht werden sollte, demonstrierte der von Seinsheim der Hofkammer übermittelte neue Gartenriss. Der Entwurf ist im Original nicht erhalten, entspricht aber wohl in vielen Details dem als Kopie erhaltenen Gartenplan des bambergischen Kanzlisten Johann Georg Endres vom 17. August 1775 (Abb. S. 18/19) und den Ideen, die in der perspektivischen Plandarstellung des Hofgärtners Johann Anton Oth (1777–1806 im Amt) niedergelegt sind, einer reich lavierten Zeichnung, die kurz nach dem Tode Seinsheims, also ca. 1780, vom vollendeten Lustgarten angefertigt worden sein muss (Abb. S. 20/21). Kreisel vermutet, dass der verloren gegangene Entwurf von 1763, dessen Urheber uns nicht bekannt ist, das Ergebnis einer kollektiven

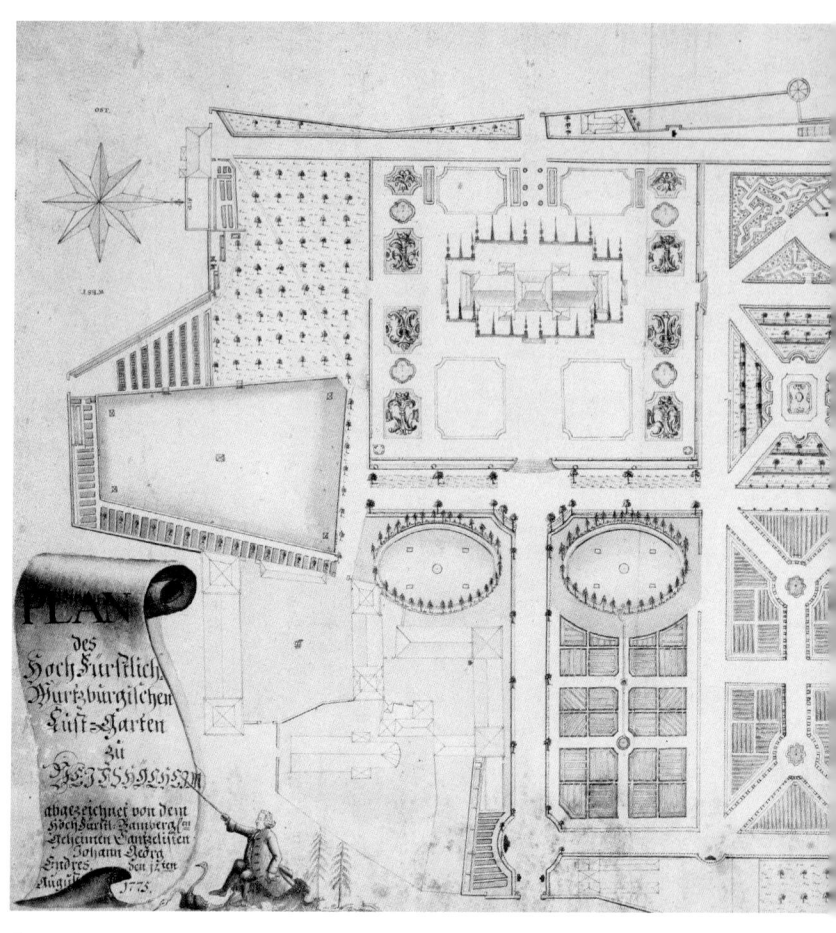

Gartenplan von 1775, der sogenannte »Endresplan«

Zusammenarbeit des Fürsten und seiner künstlerischen Experten war.

Seinsheim gab der Pflege der Gartenkultur einen höheren Rang als seine Vorgänger. Da in den Hochstiften Würzburg und Bamberg, die der Fürstbischof in Personalunion vereinte, die meisten der damaligen Bauvorhaben der Vollendung zugingen, konzentrierte sich das Interesse in ho-

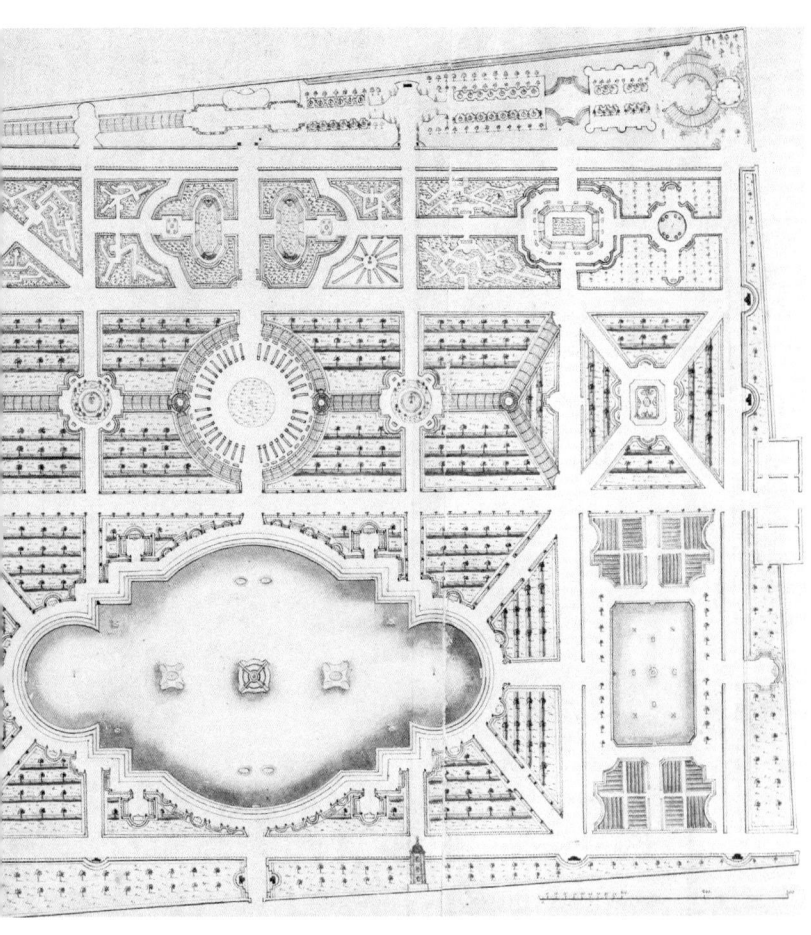

hem Maße auf die Ausgestaltung der Gärten. Als Architekten hatte Seinsheim den Bauamtmann Johann Philipp Geigel (1731–1800) neben sich, dessen bedeutendstes Werk in Veitshöchheim der Kaskadenbau werden sollte; Geigel war jedoch auch der Techniker der Wasserversorgung und der Wasserspiele. Für den Plan einer üppigen Auszierung des Gartens mit Skulpturen und Staffagen

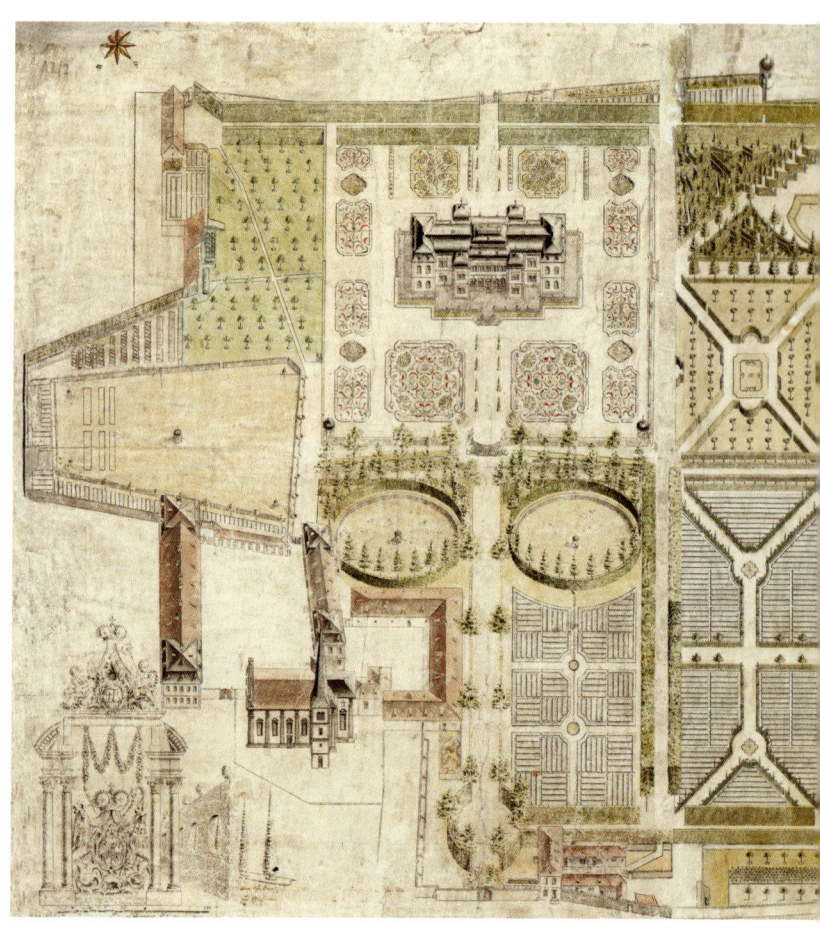

Perspektivischer Gartenplan des Joh. Anton Oth, um 1780

stand ihm der bambergische Hofbildhauer Ferdinand Tietz (1708–1777), der »bedeutendste deutsche Gartenplastiker seiner Zeit« (Bachmann), zur Verfügung. Nachdem er 1765 die andere Lieblingsschöpfung Seinsheims, die Ausstattung des Schlossparks von Seehof bei Bamberg, mit Figurenzyklen bis zur Fertigstellung des Hauptstückes der großen Herkuleskaskade, durchgeführt hatte, dürfte

er auch der maßgebende Berater für die plastischen Akzentsetzungen und Themenkreise in den drei südlichen Gartenzonen des Veitshöchheimer Hofgartens gewesen sein. Wer aber war der Gartenkünstler, der in das bestehende engmaschige System der Boskets eine Fülle von Gartenkabinetten, Architekturen und anderen Motiven einfügte, gleichzeitig aber auch versuchte, die ganze Komposition straffer zusammenzufassen? Kreisel vermutet eine Einflussnahme des berühmten, wie Tietz aus Böhmen stammenden Gartenmeisters Johann Prokop Mayer (1735–1804), der 1770 zum Würzburger Hofgärtner bestellt worden war. In der Abhandlung »Über die Gärten« im ersten Band seiner Pomona Franconica (1776) hebt Mayer dann auch die von Seinsheim durchgeführten Neugestaltungen in den Gärten von Veitshöchheim, Werneck und Seehof als ein »*Denkmal des erhabenen Geschmacks*« seines Fürsten hervor. Die Vermutung Kreisels wird durch einen Brief untermauert, den Adam Friedrich von Seinsheim im April 1765 seinem Bruder schreibt. Darin erwähnt er, dass sich Mayer am 12. April in Veitshöchheim aufgehalten habe: »*er ist ein artiger und in seinem Metier sehr geschickter Mensch, welcher ville Gärten in Teitschland, Holland, Frankreich und Engelland gesehen hat, wie er schöne Abriß derselben bey Handen hat und mit guter Einsicht darvon spricht; der H[err] Bruder wird vergnügt damit seyn, er spricht ziemlich gut Französisch, auch Lateinisch, denn er philosophiam gehört hat, ich lasse ihn noch auf den Seehoff gehen, um seine Gedanken darüber zu vernehmen.*« Den Worten Seinsheims ist zu entnehmen, dass sich Mayer nicht nur um den Würzburger Hofgarten gekümmert hat, sondern auch bei den Umgestaltungen der Hofgärten an den Sommerresidenzen in Seehof und Veitshöchheim um Rat gefragt worden ist.

1765, zwei Jahre nach der Beendigung des Siebenjährigen Krieges, setzten die Bauarbeiten im Veitshöchheimer Garten wieder ein und führten in raschem Fortschritt von West nach Ost. Für das Zentrum des Großen Bassins in der Seezone schuf Tietz eine monumentale Skulptur, die den Berg Parnass darstellt, auf dessen Gipfel sich Pegasus zum Himmelsflug aufbäumt. Um den Parnass gruppierte er Apollo und die neun Musen. Durch dieses »*Ovidische Bronnenwerk*« nimmt der See die Bedeutung der von Jupiter über die Menschheit verhängten Sintflut an, aus der

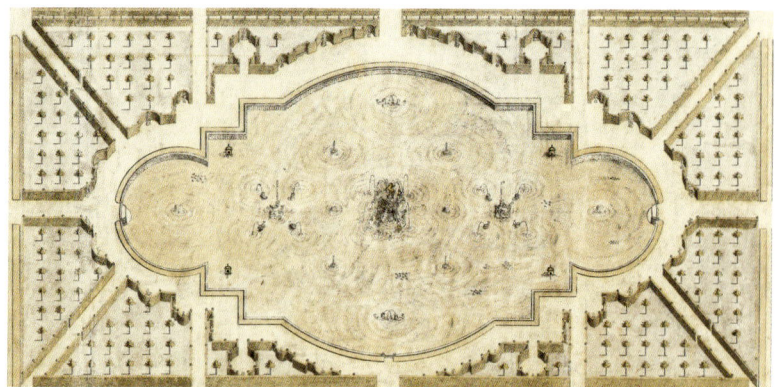

einzig der Musenberg herausragt. Mit ihm erscheint eine neue, zum Himmel gerichtete musische Weltordnung, für die Pegasus das Symbol ist. Die nur in reduzierter Form erhaltenen Wasserspiele verwandelten die ursprünglich ringsum aus der Tiefe auftauchenden Wesen, von denen heute nur mehr zwei vorhanden sind, in wasserspeiende Ungeheuer. Heute existieren einige dieser wasserspeienden Wesen nicht mehr. Um das Seeufer wurde ein weit gespannter Heckenrahmen gezogen, in dessen Nischen und Kabinetten die wichtigsten olympischen Götter als Schutzherren der neuen Weltordnung sowie die Allegorien der Künste und Jahreszeiten als Gefolge Apollos ihren Platz fanden. Die Vollendung des Parnass konnte im Sommer 1766 gefeiert werden.

1765 war auch die Umgestaltung der benachbarten Laubengangzone angelaufen. Der mittlere Bereich dieser Zone wird im Zentrum von einem großen Platzrondell geprägt. Es war ursprünglich von Laubengängen (franz. berceaux) aus Lattenwerk (franz. treillage) umfasst, die nach Süden und Norden ausgriffen. Sie sollten für den Eindruck dieses Gartenbereichs bestimmend werden (Abb. S. 26/27). Die »berceaux« waren mit Kletter- und Schlingpflanzen bewachsen und in die »treillage« hatte man in re-

*Schieferge-
deckter Pavillon
in der Lauben-
gangzone*

gelmäßigen Abständen Fensteröffnungen eingefügt, die
dem Spaziergänger immer wieder den Blick in die angrenzenden Heckenquartiere ermöglichen sollten. In den
Gelenkpunkten weiteten sich die Laubengänge leicht zu
kreisrunden Pavillons auf. Die beiden Pavillons am Großen Rondell waren komplett aus Treillage gebildet. Die
Zylinder der beiden anderen bestanden zwar auch aus
Treillage, doch trugen sie, im Gegensatz zu Ersteren,
schiefergedeckte Dächer. Diese beiden schiefergedeckten
Pavillons haben sich bis heute erhalten.

Noch heute wird die Laubengangzone im Osten von der
Fichtenallee und im Westen von der geschnittenen Lindenallee begrenzt (Abb. S. 26/27). Ausgangspunkte der inneren Gliederung waren die zwei Brunnenbecken, die aus
der Greiffenclau-Zeit übernommen und durch einfassen-

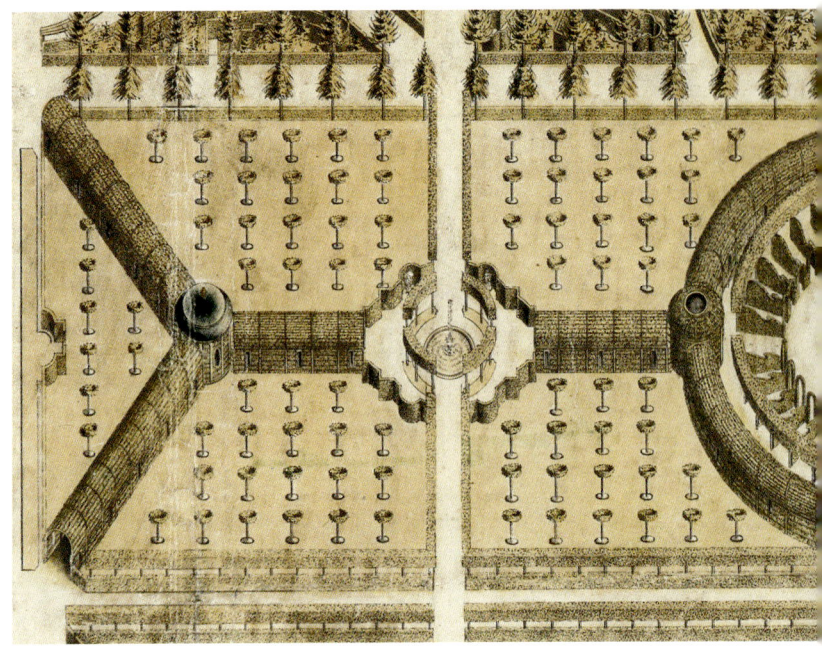

de Hecken und Formbäume zu ovalen Heckenkabinetten
ausgestaltet wurden. Im nördlichen und südlichen Randbe-
reich richtete man nischenreiche, rechteckige Heckensäle
ein. So ergab sich eine perspektivisch überschaubare Auf-
reihung von größeren und kleineren Gartenkabinetten und
lang gestreckten, korridorförmigen Gangräumen.

1767 begannen die Arbeiten in der soganannten Irrgartenzone; sie konnten bereits ein Jahr später, 1768, zu Ende gebracht werden. Die Anforderungen, die hier an das hand-
werkliche Können des seit 1733 für den Garten verant-
wortlichen Hofgärtners Georg Joseph Oth gestellt wurden,
waren groß und auch der Umfang der zu bewältigenden
Arbeiten wuchs stetig. Hierfür standen ihm außer seinem
Sohn Johann Anton, der ab 1777 für den Hofgarten zu-
ständig werden sollte, nur wenige Hilfskräfte zur Verfü-

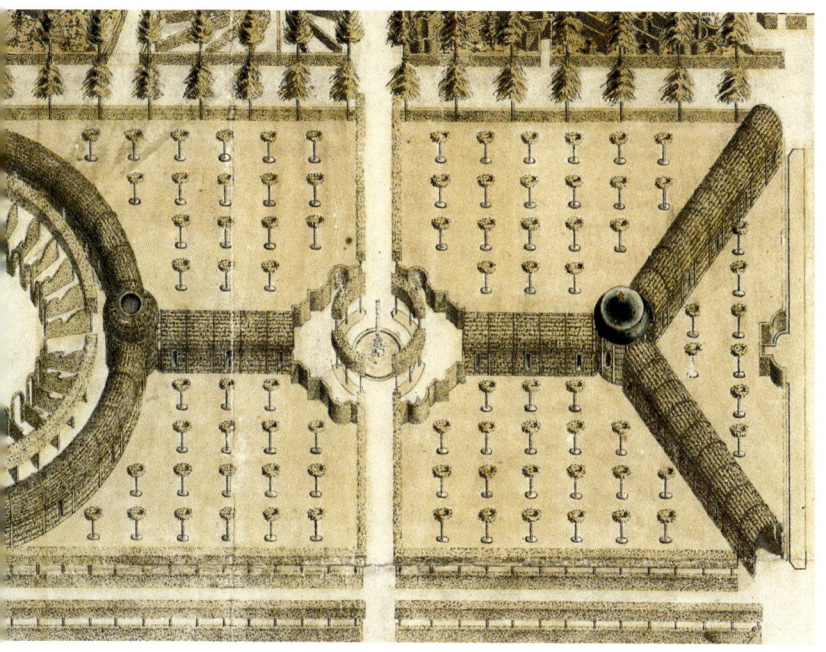

gung. In den Heckenquartieren dieses schmalen Gartenbereichs wurden ein Gartentheater, neun Irrgärten, ein
Sternplatz, ein oktogonaler heckenumstandener Rasenplatz und ein Lindensaal angelegt. Im Gegensatz zu den
anderen Partien des Gartens, wo Laubgehölze das Bild
prägten, arbeitete man in der Irrgartenzone vorwiegend
mit der dunkellaubigen, immergrünen Fichte; hochstäm-
mige Exemplare säumten die Hauptwege, und alle Irrwege in den Heckenbosketts wurden mit blickdichten halb-
hohen Fichtenhecken eingefasst. Auch die Kulissen des
Gartentheaters bestanden ursprünglich aus Fichtenhecken.
In den Restflächen wurden exotische Gehölze gepflanzt,
als eine Art Pflanzensammlung. Bei der Ausstattung mit
Figuren und Staffagen trug Tietz dem exotischen Charakter der Irrgartenzone Rechnung. Jetzt vollführen nicht

*Der mittlere Be-
reich der Lau-
bengangzone,
Ausschnitt aus
dem Gartenplan
von ca. 1780*

mehr Kinder, sondern Fabeltiere und Komödianten das Spiel. Von den drei verschiedenartigen Bereichen, in die man die Zone zu gleichen Teilen zerlegte, beherbergt der nördliche ein Gartentheater; vor seinen Kulissen standen einst bunt gefasste, lebensgroße Sandsteinfiguren, die der altitalienischen Stegreifkomödie entlehnt waren. Das süd-liche Seitenfeld ist als Sphäre humorvollen Fabulierens und Meditierens ausgewiesen. Vier der Tiergruppen von Tietz umstellen hier einen achtseitigen Wiesenplatz, der heute »Fabelring« heißt. Er liegt auf der Grenze zwischen dem Irrgartenbereich und dem »Lindensaal«.

Das zentrale, um die Mittelachse geordnete Quartier be-herrschen die Motive von Trunk und Schmaus. Zuerst erreicht man beiderseits die als ovale Mulden gebildeten Quellplätze mit den Fabeltierfiguren vom Fuchs und Storch. Dann trifft man auf die exotischen Baldachinbau-ten aus Palmstämmen und Blätterdach mit Tischen und Hockern, die sogenannten »Indianischen Pavillons«, die

Tietz 1767–1768 zur Abhaltung von Gastmählern im Freien aufgeführt hat (Abb. S. 98/99).

In den Jahren 1767/68 wandte man sich auch dem Schloss-parterre zu. Die vier winkelförmigen Parterres wurden zerlegt und die Fontänen in die beiden seitlichen Reihen der neu geschaffenen kleinen Parterrefelder eingefügt. Die von Johann Wolfgang van der Auvera und seiner Werkstatt gelieferten Musen- und Götterfiguren fanden auf der west-lichen und südlichen Futtermauer der großen Schlosster-rasse eine neue Aufstellung. Die hier 1702–1703 ange-legten Treppenaufgänge wurden erweitert und mit Tier- und Wappenskulpturen von Tietz dekoriert.

Bis 1768 wurden auch noch einige Blickpunkte wichtiger Sicht- und Wegeachsen geschaffen. An das Südende der zentralen Blickachse der Seezone setzte Tietz die Diana-gruppe. Das Gegenstück in der Laubengangzone bildete die im Zweiten Weltkrieg zerstörte und danach rekonstru-ierte Herkulesfigur. Die Fichtenallee wurde im Süden mit der Orpheusgruppe abgeschlossen. Tietz kehrte im Juni 1768 wieder nach Bamberg zurück; zwei weitere wichti-ge Blickpunkte, die Kaskade im Osten und das sogenann-te Kaisertor im Süden, zu gestalten erhielt er nicht mehr den Auftrag.

Der mittlere Bereich der Irr-gartenzone, Ausschnitt aus dem Gartenplan von ca. 1780

Nach einer kurzen Pause nahm man 1771 die Arbeiten im Garten wieder auf. Während nach einem Entwurf von Materno Bossi (1737–1802) der Pavillon im Lindensaal erstellt wurde (1945 zerstört), begann man mit der künstlerischen Ausgestaltung der Östlichen Dreieckszone. Am 7. September 1771 erfolgte die bischöfliche Anweisung, *»den oberen, noch unangelegten Disrikt in dem Veitshöchheimer Lustgarten mit verschiedenen Alleen und Decorationes nach dem bereits verfertigten Modell annoch anzulegen um gedachten Garten einmal in vollkommnen Stand zu bringen«.* Das lange und schmale Dreieck dieser Zone wurde von einem breiten Gang als Mittelachse durchzogen. Er verband den Bereich des Schlosses mit dem als Blickpunkt herausgestellten Belvederebau in der Südostecke des Gartens (Abb. S. 31). Wo die in westöstlicher Richtung laufenden Querachsen des südlichen Hofgartens auf den Gang stießen, wurden Plätze und Heckenkabinette gebildet. In der 1945 zerstörten Kaskade erstand ein Gegenpol zum Parnass, der in ähnlicher Weise vom Motiv künstlerischer Felsarchitektur beherrscht wurde. Die im großen Rondell zentrierte Hauptquerachse des südlich der Schlosszone gelegenen Gartenteils erhielt durch diese beiden Blickpunkte eine einzigartige Komposition.

Die Östliche Dreieckszone in den Ziergarten einzubeziehen, war vor Seinsheim schon einmal erwogen worden. Ihre Verwirklichung wurde jedoch erst zu Anfang der 1770er-Jahre und nunmehr in den Formen des aufkommenden Klassizismus in Angriff genommen. So ist dieses Gebiet durch einen reizvollen Übergangscharakter gekennzeichnet. Die Kaskade und der Belvederebau wurden zwischen 1772 und 1773 errichtet. Johann Philipp Geigel hatte die architektonischen Fragen zu bearbeiten, wie sein Vorentwurf für die Kaskade aus dem Jahre 1772 zeigt. Materno Bossi führte die Tuffsteinarbeiten und die Ausstuckierung durch, der Maler Christoph Fesel schuf das Deckenfresko im Pavillon des

Belvedere. Die Gartenplastik wurde 1772–1775 von Peter Wagner (1730–1809) gefertigt, der 1771 zum würzburgischen Hofbildhauer ernannt worden war. An der Kaskade sind die Schutzgottheiten der Natur um die zentrale Gruppe des Neptun und der Quellgötter versammelt. Hier liegt das Gebiet der Quellen, deren Wasserreichtum die Anlage des Gartens ermöglicht und gefördert hatte. Der Weg des Wassers von der Höhe durch den Garten zum Großen See fand in der polaren Gegenüberstellung der plätschernden Kaskade und des von Wasserspielen eingehüllten Parnass einen sinnfälligen Ausdruck. Die beste Leistung Wagners in Veitshöchheim waren die Kindergruppen, mit denen er zwischen 1775 und 1777 die Balustrade des Schlosses

Grottenhaus und Belvedere mit der ursprünglichen Balustrade auf dem Dachgesims, Ausschnitt aus dem Gartenmodell

schmückte. Gegenüber Tietz ist hier das nachahmende Kinderspiel aus der gesellschaftlichen Sphäre in das reine, zeitlose Genre übertragen.

1774 wurde nach dem Entwurf Geigels am Südende der Lindenallee über einer älteren Brunnenstube eine bühnenartige Terrasse errichtet, die auf der Außenseite durch ein mächtiges Gitter, volkstümlich »Kaisertor« genannt, abgeschlossen wurde. Die bauplastischen Arbeiten lieferte Wagner, das Gitter schmiedete der Hofschlosser Johann Anton Oegg (1747–1800). Mit dieser in reinen Formen des Louis XVI. entwickelten Anlage wurde neben Parnass und Kaskade ein letzter wichtiger Blickpunkt im südlichen Teil des Hofgartens vollendet.

IM WECHSEL VON VERFALL UND WIEDERHERSTELLUNG

Kindergruppe von P. Wagner auf der Balustrade des Schlosses (1775–1777)

In den letzten Jahrzehnten des 18. Jahrhunderts hatte die formale bzw. architektonische Gartenkunst schon längst ihren Höhepunkt überschritten und ging sichtbar ihrem Ende entgegen. Der englische Landschaftsgarten trat an seine Stelle. Dieser hatte schon in den 1760er-Jahren auf dem Kontinent Fuß gefasst und erlebte seither eine rasante Verbreitung. In den letzten beiden Jahrzehnten des 18. Jahrhunderts begann bereits seine klassische Phase, bevor er sich im 19. Jahrhundert schließlich zum dominierenden Gartentypus entwickelte. Der Umstand, dass der Veitshöchheimer Hofgarten schon unmittelbar nach seiner Vollendung vom ästhetischen wie gesellschaftlichen Standpunkt aus nicht mehr als zeitgemäß empfunden wurde, war für den Garten von schicksalhafter Bedeutung. Bereits Franz Ludwig von Erthal (reg. 1779–1795), der Nachfolger Seinsheims auf dem Würzburger und Bamberger Bischofstuhl, konnte mit den präten-

tiösen Gartenanlagen seines Vorgängers nur noch wenig anfangen. Er wünschte, dass kein »unnötiges Geld« für ihre Instandhaltung oder gar den weiteren Ausbau verwendet würde. Im Würzburger Hofgarten ließ er deshalb alle Arbeiten zum weiteren Ausbau einstellen, und in Seehof bei Bamberg wurden 1783 kurzerhand etwa 260 Gartenskulpturen in einen Stadel verbracht. Auch in Veitshöchheim wurden schnell erste Schritte eingeleitet, um den Garten zu vereinfachen und die Unterhaltskosten zu senken. 1791 ließ Erthal die bereits verstümmelten Komödi-

Aufsatz des sog. »Kaisertors« mit Initialen des Fürstbischofs Adam Friedrich von Seinsheim (Nr. 35)

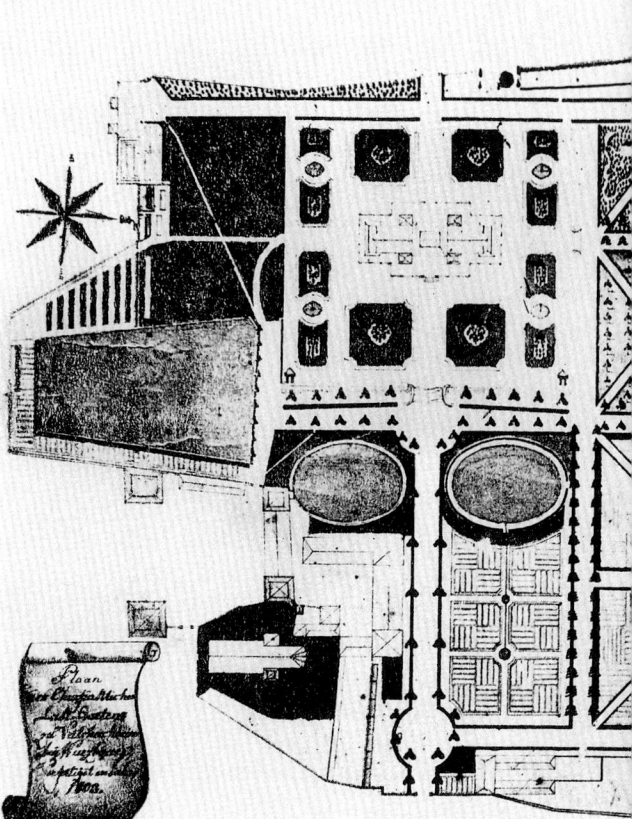

Gartenplan von 1803

antenfiguren des Gartentheaters beseitigen. Bereits in den Siebzigerjahren des 18. Jahrhunderts hatte man den Hofgarten der fürstbischöflichen Sommerresidenz für die Öffentlichkeit zugänglich gemacht. Doch schon bald wurden Soldaten und Studenten aus dem Kreis der geduldeten Besucher ausgeschlossen, da sie die Ausstattung des Gartens wiederholt beschädigt hatten. 1776 richtete man einen Aufseherposten ein, um den beginnenden Vandalismus zu

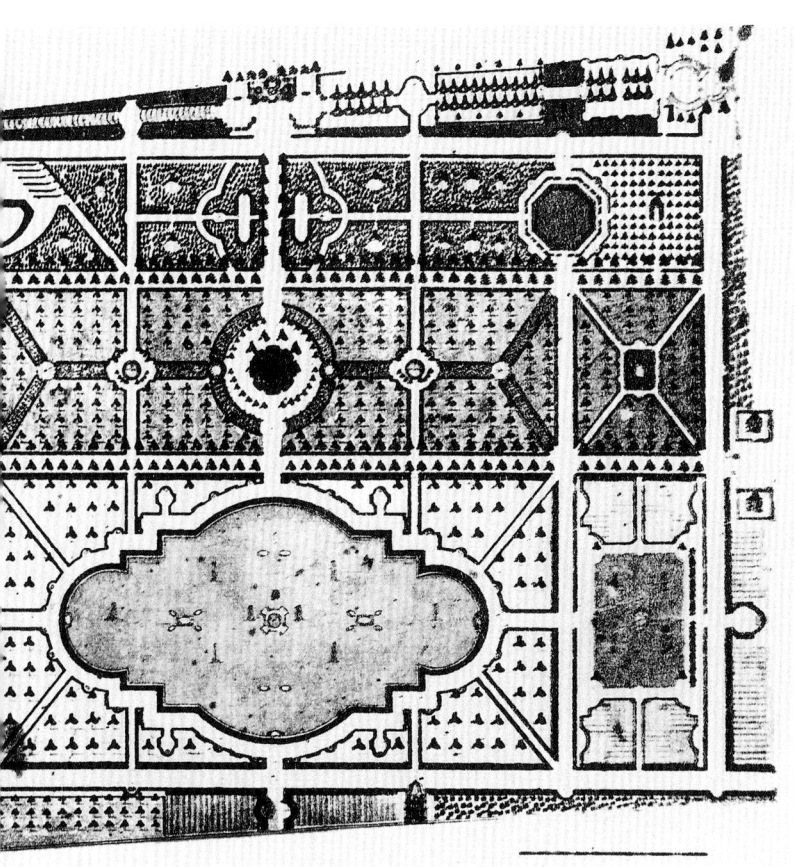

begrenzen, doch verhinderte dies nicht, dass schon 1778
das Glockenspiel am Parnass gestohlen wurde.

Nach der Säkularisation des Würzburger Hochstifts im
Jahre 1803 geriet der Rokokogarten Veitshöchheim fast
gänzlich in Vergessenheit. Ein herrschaftliches Interesse
an der intensiven Nutzung des Gartens bestand nicht
mehr, da die Residenzstadt der nun regierenden bayerischen Kurfürsten und späteren Könige München war.

Wohl auch deshalb entging der Garten dem Schicksal, das die meisten architektonischen Gärten in dieser Zeit ereilte, der Umgestaltung in eine landschaftliche Gartenanlage. Dennoch erlebte er nach seiner Vollendung immer wieder Perioden schweren Niedergangs und existenzieller Bedrohung. 1803 wurde der Garten vom Kurfürsten von Bayern in Teilen verlehnt und 1804 verpachtet. Damals muss er »*verwiltert und beynahe gänzlich verwüstet*« gewesen sein, wie der Hofgärtner Johann Anton Oth (1743–1812) in seinem Anstellungsgesuch schrieb. Von ihm wird auch der Riss des »*Churfürstlichen Lustgartens*« von 1803 stammen, der uns nur in einer alten Fotografie vorliegt (Abb. S. 34/35). Das Gefüge ist hier noch erhalten, doch zeigen sich bereits einige Vereinfachungen und eine Auflösung der strengen Formen.

Ein leichter Umschwung zum Besseren trat ein, als Würzburg 1806 Großherzogtum wurde und man den Garten wieder für die Zwecke einer Hofhaltung zu pflegen hatte. Die bemerkenswerteste Maßnahme des neuen Großherzogs Ferdinand von Toskana (1769–1824, reg. in Würzburg 1806–1814) in Veitshöchheim war die Umwandlung der Appartements im Schloss in fast bürgerlich anmutende Wohnräume klassizistischen Stils in den Jahren 1807–1808. 1810 wurden dann die beiden ovalen Seen unterhalb der Schlossterrasse verfüllt; ebenso der große Hechtsee. Nach dem Anschluss Würzburgs an das Königreich Bayern im Jahre 1814 rückte Veitshöchheim immer wieder in das Blickfeld Ludwigs I., der als Kronprinz hier oftmals seine Sommerresidenz aufschlug und den Ort auch später, während seiner Regierungszeit, aufsuchte, zuletzt im Jahre 1845. Von grundlegender Wichtigkeit für den Fortbestand des Parks war die Anordnung Max I. Josephs von 1823, dass die »*symmetrischen Formen dieses königlichen Gartens*« zu erhalten seien. Die wenigen Änderungen, die in dieser Zeit vorgenommen wurden, vermochten den Gesamt-

Ausschnitt aus
dem Urkataster
von 1832 mit
der Trasse für
die Ludwigs-
Westbahn, wie
sie ursprünglich
geplant war

charakter nicht zu beeinträchtigen. Die ehemaligen Irrgärten ließ man auch weiterhin zuwachsen. Der Große
See wurde mit Trauerweiden und Eschen umsäumt, und
auf den zentralen Wiesenplatz des Großen Rondells
pflanzte man vier Platanen (Abb. S. 4). Auch in die
Ecken des Kleinen Sees wurden Platanen gesetzt. Robi-
nien, Kastanien, Eschen und Pappeln wurden in der
Randzone verteilt, um für Figuren oder Staffagen
Hintergrundkulissen abzugeben. Auch sonst suchte die
Romantik durch verstreute Motive die elegische Stimmung des ohnehin schon gealterten Rokokogartens zu
erhöhen. 1846 verhinderte König Ludwig I. (reg. 1825–
1848) mit seinem Veto, dass die geplante Eisenbahntrasse der neuen Ludwigs-Westbahn, die von Bamberg
über Würzburg und Veitshöchheim nach Aschaffenburg
führen sollte, mitten durch den Hofgartens gelegt wurde. In einem Signat schrieb der König: »*Hirzu gebe Ich
Meine Genehmigung nicht; durch den Garten darf sie
nicht geführt werden, und zwar auf keiner Stelle desselben.*« Stattdessen verfügte er, dass die Trasse hinter die
östliche Gartenmauer zu verlegen sei. Mitte des 19. Jahr-

*Historische
Postkarte,
spätes 19. Jahr-
hundert*

hunderts wurden dann die Treillagebogengänge in der
Laubengangzone wegen Baufälligkeit aufgegeben. Der
einzige noch verbliebene Laubengang am nördlichen
Ende der Östlichen Dreieckszone stand noch bis kurz
vor dem Ersten Weltkrieg, wurde dann jedoch ebenfalls
entfernt.

Der Garten fristete vom Beginn des 19. Jahrhunderts bis
zum Ende des Ersten Weltkrieges aufgrund der zwar ge-
sicherten, aber meist zu knapp bemessenen Unterhalts-
mittel ein eher kärgliches Dasein. So weisen die Unter-
lagen für das Haushaltsjahr 1837/38 inklusive aller Per-
sonalkosten Finanzmittel von nur 3 740 Gulden aus. 1845
berichtet der Veitshöchheimer Hofgärtner, dass die vier
Entenhäuser im Großen See (vgl. Abb. S. 20/21) zu-
sammenzufallen drohen. Die von ihm angeforderten
Haushaltsmittel von 153 Gulden zur Reparatur der Häuschen werden mit der Begründung abgelehnt, dass mo-
mentan keine Enten auf dem See seien. 1848 beklagt
sich der Hofgärtner Oth über die zu geringen Unter-

haltsmittel für den Hofgarten: »*Es fehlt immer an den nö-
thigen Mitteln, um den Garten, so einer sein sollte, in
Stand zu halten; leider sind die Aussichten auf Besser-
werden ferne.*« Es konnte oftmals nur das Allernötigste
zur Erhaltung des Gartens getan werden, vieles ging in
dieser Zeit unwiederbringlich verloren. Die Situation
verbesserte sich erst, als Schloss und Garten Veitshöchheim 1918 an die Verwaltung des ehemaligen Kronguts,
die heutige Bayerische Schlösserverwaltung, übergin-
gen. Zeitgleich führte die Wiederentdeckung und Neu-
bewertung des Barock und Rokoko in Wissenschaft und
Kunst zu einer Aufwertung des Hofgartens und einem
neuen Verständnis für die architektonische Gartenkunst.
1926 war der wissenschaftlich fundierte Aufsatz zur Entwicklungsgeschichte des Veitshöchheimer Hofgartens
von Heinrich Kreisel erschienen; Friedrich H. Hofmann
hatte ihm ein alarmierendes Nachwort über den Zustand
der Anlage und ihrer Ausstattung beigefügt. Schon zu
Beginn der Zwanzigerjahre hatte der fortwährende Ver-
fall der Sandsteinplastiken zu einem unhaltbaren Zustand
geführt, der die Bergung der bereits stark geschädigten
Originalfiguren und die Aufstellung von Kopien im Park
forderte. 1927 setzte die Überführung von Skulpturen in
das Mainfränkische Museum zu Würzburg ein. Die an ihre Stelle tretenden Kopien erhielten aus der Idee, dass
zum alternden Park nur naturfarbene Sandsteinfiguren
passten, keine schützende Farbfassung, weshalb sie heute bereits wieder verfallen und ständig repariert werden
müssen. Der 1928 in Würzburg stattfindende Tag für
Denkmalpflege und Heimatschutz gab der Restaurierung
des Gartens weiteren Auftrieb. Seitdem ist man bemüht,
das Erscheinungsbild des Gartens sukzessive wieder dem
im Gartenplan von 1780 festgehaltenen Zustand anzu-
nähern. Neben dem Garten wurde ab dem Ende der
1920er- Jahre auch am Schloss gearbeitet. 1930–1935 re-
staurierte man die Schlossräume im Erdgeschoss und im

ersten Obergeschoss und richtete die beiden Appartements des Obergeschosses auf Grund der Inventare von 1778 und 1819 wieder mit Möbeln aus dem Rokoko und der Toskana-Zeit ein, wobei auf die Freilegung der alten Tapeten besonders geachtet wurde. Die Zerstörungen, die der Anlage im Zweiten Weltkrieg zugefügt wurden, bedeuteten einen empfindlichen Rückschlag in den Bemühungen um die Regenerierung und Sanierung von Schloss und Garten. Durch Fliegerbomben wurde der Mittelbau des Schlosses beschädigt; der Pavillon im Lindensaal, eine Reihe von Skulpturen und die Kaskade wurden zerstört.

Ab 1954 wurde das Schloss baulich wieder instand gesetzt. Nach größeren Restaurierungsmaßnahmen in den Schlossräumen während der 1970er-Jahre folgte eine letzte umfassende Restaurierung des gesamten Schlossbaus und aller Schauräume in den Jahren 2001–2005. Die Sicherung und Pflege des riesigen Bestandes an Sandsteinskulpturen, die im Garten inzwischen fast komplett durch Bildhauerkopien und Abgüsse ersetzt sind, ist eine von Jahr zu Jahr fortdauernde kontinuierliche Aufgabe.

Mangels eigenen Personals verpachtete die Krongutsverwaltung den Hofgarten von 1919 bis 1958 an die Bayerische Landesanstalt für Weinbau und Gartenbau und sicherte so dessen Fortbestand. Mit dem Auszug der Landesanstalt aus dem Gebäudekomplex der ehemaligen Ökonomie übernahm die Bayerische Schlösserverwaltung mit einem eigenen Regiebetrieb die Pflege des Hofgartens. Seither werden kontinuierlich Sanierungsarbeiten durchgeführt, um dem Hofgarten wieder das Erscheinungsbild des ausgehenden 18. Jahrhunderts zurückzugeben. In den 1990er-Jahren wurden Hecken verjüngt, Obstbäume wieder angepflanzt, die überalterte Fichtenallee instand gesetzt und der ehemalige Küchengarten teilweise wiederhergestellt. Zwischen 2002 und

Veitshöchheim   Schloß

2005 erfuhren Schloss und Schlossparterre eine umfassende Sanierung. Seit 2005 informiert eine neue Dauerausstellung im Erdgeschoss des Schlosses über die Geschichte des Hofgartens und seine Ausstattung. 2006
wurde nach umfangreichen Grabungen der Gartenbereich nördlich der Schlossterrasse wieder in den Formen
des ausgehenden 18. Jahrhunderts angelegt. Im Winter
2007/08 begann die Schlösserverwaltung mit der Sanierung der Heckenwände um den Großen See und im
Frühjahr 2008 wurde der Große See nach über 100 Jahren erstmals wieder vollständig vom bis zu 80 cm hohen
Schlamm befreit.

*Blick auf das
Schlossparterre,
historische Post-
karte, um 1900*

*Nächste
Doppelseite:
Blick von Süd-
westen über das
Parterre auf das
Schloss*

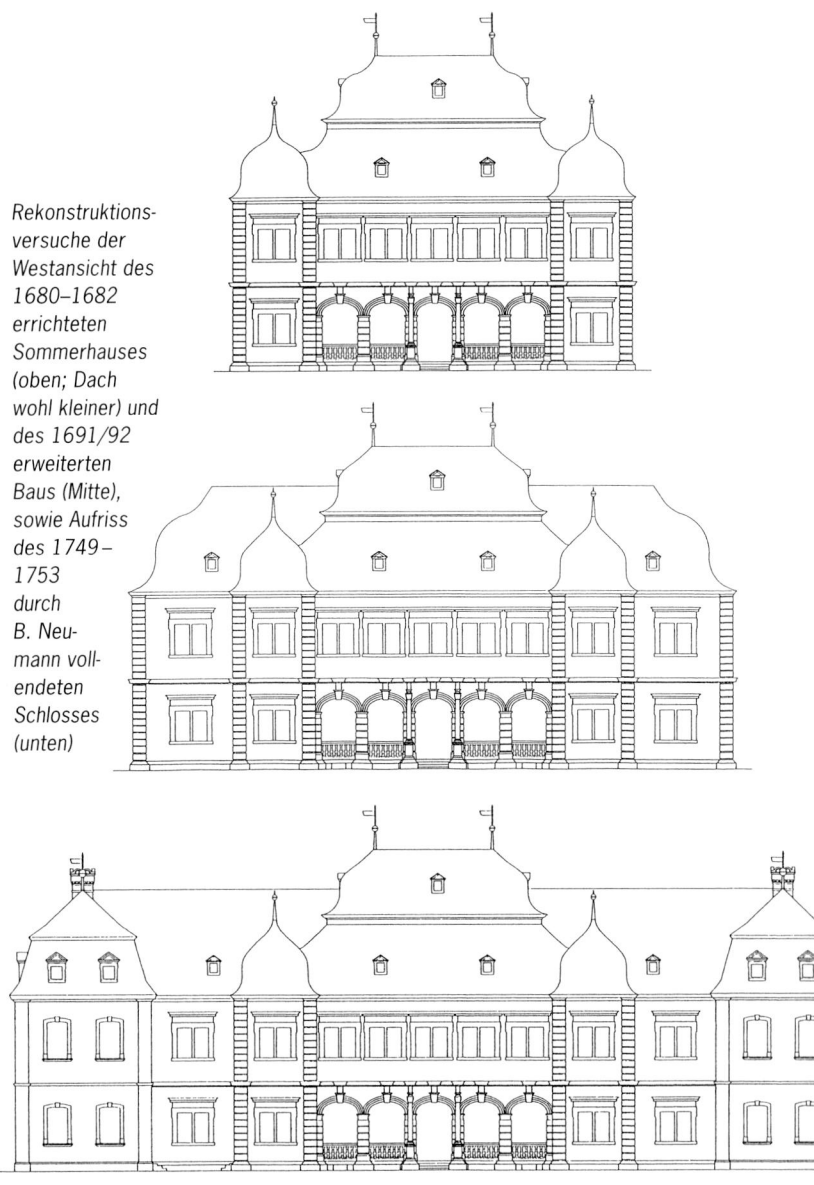

Rekonstruktions-
versuche der
Westansicht des
1680–1682
errichteten
Sommerhauses
(oben; Dach
wohl kleiner) und
des 1691/92
erweiterten
Baus (Mitte),
sowie Aufriss
des 1749–
1753
durch
B. Neu-
mann voll-
endeten
Schlosses
(unten)

Das Schloss – Äußeres und Baugeschichte

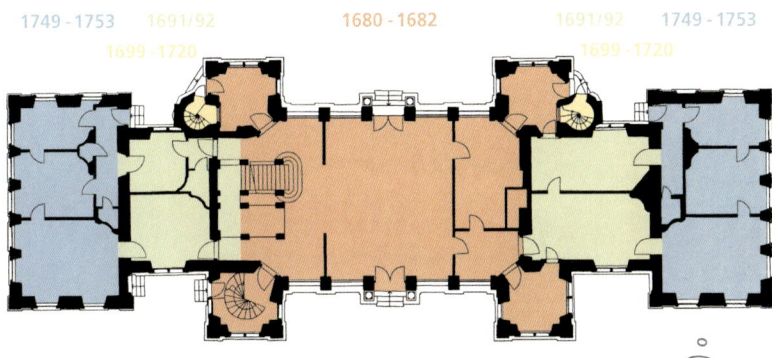

Das heutige Schloss ist ein einflügeliger, zweigeschossiger Bau aus verputztem Kalkbruchstein mit Architekturgliederung aus Sandstein, der in drei Bauphasen entstand.* Zunächst errichtete der würzburgische Werkmeister Heinrich Zimmer für Fürstbischof Peter Philipp von Dernbach 1680–1682 ein kleines barockes »Sommerhaus«. Dieses bestand nur aus dem queroblongen Kernbau mit zwei übereinanderliegenden Sälen und den vier vorspringenden, aber gleich hohen Ecktürmchen. In einer zweiten Bauphase 1691/92 unter Fürstbischof Johann Gottfried von Guttenberg kamen zwei quadratische Anbauten hinzu, die jeweils an den Schmalseiten zwischen die Türme eingepasst wurden. Seine heutige Gestalt erhielt das Schlösschen schließlich 1749–1753, als Fürstbischof Carl Philipp von Greiffenclau es nach dem Entwurf Balthasar

Erdgeschossgrundriss des in drei Bauphasen entstandenen Schlosses

* Neue Erkenntnisse zur Baugeschichte werden der 1999 bis 2005 durchgeführten Bauuntersuchung verdankt, insbesondere den Untersuchungsergebnissen von Gerd Kieser, Thomas Schicker, Armin Schmickl und Anton Schultz.

45

Neumanns seitlich nochmals um zwei querflügelartig vorspringende Rokokopavillons erweitern ließ.

Die mittleren Abschnitte der Hauptfassaden sind im Westen wie im Osten bis heute geprägt von dem frühbarocken Erscheinungsbild des Dernbach'schen Sommerhauses. Zwischen den Türmchen mit kräftiger Eckquaderung aus genuteten Lisenen verläuft im Erdgeschoss eine dekorative Reihe von fünf ursprünglich offenen Arkaden. Über genuteten Pfeilern spannen sich Korbbögen, deren Schlusssteine mit eindrucksvollen Fratzen belegt sind. Die mittlere Arkade wird von zwei korinthischen Säulen auf Löwenkopfsockeln flankiert und als Portal hervorgehoben. Alle seitlichen Bogenöffnungen zeigen noch die Balustraden, die erst beim späteren Einsetzen der Fenster vermauert wurden. Auf den Gebälkstücken über den Schlusssteinen finden sich die Ziffern des Jahres, in dem der Ursprungsbau vollendet wurde: 1682. Ein schmales umlaufendes Gesims schließt das Erdgeschoss ab. Darüber sitzen im Obergeschoss eng gedrängt fünf Zwillingsfenster (sog. gekuppelte Fenster) mit geohrter Sandsteinumrahmung und waagrechter, gesimsartiger Verdachung. Die gleichen Fensterformen haben auch die Ecktürmchen in beiden Geschossen, jedoch an ihren kurzen Flanken nur einfach statt gekuppelt. Die Turmwirkung dieser Bauteile entsteht durch ihre einzeln ausgebildeten geschweiften Dachhauben, die sich beim Ursprungsbau allein um das doppelt geschweifte Walmdach des Zentralbaus gruppierten. In dieser Form entsprach das Veitshöchheimer Sommerhaus dem Typus des Eckturmbaus, wie er im 16. und 17. Jahrhundert häufig als »Lusthaus« in herrschaftlichen Gartenanlagen Anwendung fand. Aus den Quellen kennen wir zwar nur den Namen des ausführenden Werkmeisters Heinrich Zimmer,

doch erscheint aufgrund der architektonischen Einzelformen dieses Gartenkasinos die Beteiligung Antonio
Petrinis, des damals führenden Hofbaumeisters in Würzburg, am Gesamtentwurf nicht unwahrscheinlich.

ZWEITE UND DRITTE BAUPHASE

Die beiden quadratischen Anbauten Guttenbergs von
1692, die sich an den Mauerdicken im Grundriss noch
gut ablesen lassen, sind im Äußeren nur mehr mit je einer zurückliegenden Fensterachse neben den Türmchen
sichtbar. Sie übernahmen die zehn Jahre älteren Fensterformen unverändert. Nach Ausweis der Bauforschung
besaßen diese Anbauten einst auch die gleichen Eck-
quaderungen und an den (jetzt verdeckten) Seitenfron-
ten je zwei weitere Fensterachsen. Dort schließen seit
1753 die von Neumann unter Greiffenclau errichteten,
wiederum leicht vorspringenden Seitenflügel an. Diese
besitzen zu den Hauptschauseiten hin je zwei, an den
Seitenfassaden je fünf Fensterachsen. In den architektonischen Einzelformen unterscheiden sich die Pavillons
zwar nicht substanziell, aber formal deutlich von den älteren Bauteilen: Sie zeigen schmale, stichbogig ge-
schlossene Einzelfenster ohne Verdachung, glatte Eck-
lisenen, schmälere Gesimse, überhaupt mehr freie Wand-
fläche sowie größere Dachgauben. Hier erweist sich die
architektonische Meisterschaft Balthasar Neumanns,
der sich den vorhandenen Proportionen angepasst hat,
ohne seine modernere Formensprache zu verleugnen.
Während der Ursprungsbau sandsteinrot gestrichene Arkaden, Fensterumrahmungen, Gesimse und Eckquade-
rungen zu weißen Putzflächen aufgewiesen hatte, ließ
Neumann seine Seitenflügel mit dem Altbau durch eine
einheitliche ockergelbe Fassung der Architekturglieder
vor weißem Putz zu einem neuen Ganzen zusammen-
schließen (so 1997 rekonstruiert).

Nächste
Doppelseite:
Blick über die
Westtreppe zum
Schloss

47

Das doppelt geschweifte Walmdach des Zentralbaus war
zwischenzeitlich durch seitlich etwas niedriger anschließende, einfach geschweifte Walmdächer über den
quadratischen Anbauten ergänzt worden (dendrochro-
nologisch 1691/92 datierbar). Nun wurde die schiefergedeckte Dachlandschaft erneut zu einer gut ausponde-
rierten Gesamtwirkung gebracht: Die Neumann'schen
Flügelbauten erhielten Mansard-Walmdächer, bis zu deren quer liegenden Firstlinien die Firste der einfach ge-

schweiften Dächer verlängert wurden. Geschickt kalkulierte Akzente setzen neben den unterschiedlichen Gauben noch die bekrönenden Turmspitzen, Kaminköpfe und Wetterfahnen.

Die rückseitige Ostfassade weist im Winkel zwischen den Ecktürmchen von 1682 und den quadratischen Anbauten von 1692 noch zwei polygonale Treppentürmchen mit geschweiften Dachhauben auf. Sie waren mit der Erweiterung des Raumprogramms als Dienerschaftstreppen notwendig geworden und sind nach 1692, vermutlich in den ersten Jahrzehnten des 18. Jahrhunderts, entstanden. Um 1753 wurden sie mit den hinzugekommenen Seitenpavillons Neumanns jeweils durch einen balkonartigen Gang mit Balustrade und Volutenabschlüssen verbunden, der den direkten Zugang zu den Dienerschaftszimmern im Obergeschoss ermöglicht.

Innerhalb des erhöhten Schlossparterres steht der Schlossbau nochmals auf einer eigenen Terrasse, zu der von Westen eine achtstufige Treppenanlage hinaufführt. Diese mit Steinplatten belegte und von einer Balustrade eingefasste Terrasse wurde schon 1702/03 angelegt. Als Rechteck mit eingezogenen Ecken umlief sie zunächst den erweiterten Ursprungsbau, später wurde sie auch um die seitlichen Flügelbauten von 1753 herumgeführt. Zwischen 1775 und 1777 schuf Hofbildhauer Peter Wagner den berühmten Skulpturenschmuck der Balustrade: 24 Darstellungen von spielenden Kindern, Kindergruppen und Putten mit Laternen, zwischen denen Ziervasen verteilt sind. Wagners Skulpturen gehören zu den bedeutendsten Kinderdarstellungen der deutschen Plastik. Sie vereinen die naive Unmittelbarkeit und die Bewegtheit des Rokoko, wie man sie bei den Kinderfiguren des Ferdinand Tietz im Garten antrifft, mit dem idealisierenden Einschlag des Klassizismus. Heute sind sämtliche figurale Arbeiten durch Abgüsse ersetzt (Originale als Leihgaben im Mainfränkischen Museum Würzburg). Im Zuge der letzten Fassadenrestaurierung erhielt auch die Balustrade ihre ockergelbe Fassung aus der Mitte des 18. Jahrhunderts zurück und die Skulpturenabgüsse wurden, wie einst die Originale, wieder weiß gefasst.

Der stufenweise Ausbau des Gebäudes war das Ergebnis sich ändernder Nutzungsansprüche. Fürstbischof Dernbach hatte 1682 ein etwas größeres und, da in Stein ausgeführt, besonders dauerhaftes Gartengebäude errichten lassen. Dieses Lusthaus mit offenem Gartensaal zu ebener Erde, großem Saal im Obergeschoss, den kleinen Nebenräumen in den Ecktürmen und nur einem Treppenaufgang bot schattenspendende oder witterungsgeschützte Räume für den sommerlichen Aufenthalt und für Feste im Garten. Alle Räume besaßen Steinfußböden. Der unter dem Gartensaal angelegte Keller konnte als Mundkeller zur Aufbewahrung von Speisen und Getränken dienen. Der Zugang zum Keller erfolgte über eine vor der Nordfassade gelegene Wendeltreppe, die vielleicht auch bis ins Obergeschoss geführt hat. Vor der Südfassade befand sich ein halbrundes eingeschossiges Brunnenhaus, das direkt vom Gartensaal aus zugänglich war (wohl 1691/92 im Zuge der ersten Erweiterung entfernt, neuer Zugang zum Brunnen vom Keller aus). Weder eine Küche noch angemessene Übernachtungsmöglichkeiten für den Fürstbischof und dessen Gäste waren vorhanden, sie sind allenfalls in den damals noch stehenden »oberen« und »unteren« Schlösschen rund 130 Meter weiter westlich zu suchen.

Dem Bedarf an Nebenräumen scheinen die winzigen Turmzimmerchen bald nicht mehr genügt zu haben. Deshalb erweiterten die quadratischen Anbauten Guttenbergs von 1691/92 das Platzangebot um vier große Räume, über deren Verwendung wir jedoch nichts Näheres wissen. Damals wurde der neue Abgang zum Keller im nordwestlichen Eckturm eingebaut, vermutlich gleichzeitig mit einer ins Obergeschoss führenden Wendeltreppe. Um 1720 wurden die beiden Mittelsäle und die vier seitlichen quadratischen Räume durch Zwischenwände in kleinere Einheiten aufgeteilt. In dem abgetrennten Südostteil des Gartensaals (heute Kassenraum) entstand eine Küche mit großem Kamin. Doch erst 1753 schuf Balthasar Neumann mit den neuen Pavillonbauten für Carl Philipp von Greiffenclau die Möglichkeit, im Obergeschoss zwei komplette Appartements einzurichten, die jeweils die für eine fürstliche Hofhaltung unabdingbare Folge von Vorzimmer, Wohnzimmer und Schlafzimmer einschließlich der zugehörigen Dienerschaftszimmer enthielten. Erst jetzt genügte der Bau den Ansprüchen einer länger bewohnbaren fürstlichen Sommerresidenz, in der neben dem Fürstbischof auch ein gleichrangiger Gast und das engste Gefolge beider untergebracht werden konnte. Außerdem ersetzte ein repräsentatives Treppenhaus die veraltete Wendeltreppe im Nordwestturm, an deren Stelle im Obergeschoss eine Kapelle eingerichtet wurde. Verbesserte Heizmöglichkeiten durch neue Kamine und Öfen, Toilettenräume, getrennte Zu- und Servicegänge für die Dienerschaft vermehrten den Komfort. Aus einem Inventar von 1778 wissen wir, dass unter Fürstbischof Adam Friedrich von Seinsheim im Obergeschoss außer dem Gastappartement im Nordtrakt und seinen eigenen Wohnräumen im Südtrakt vor Letzteren schon das Billardzimmer eingerichtet war. Im Nordteil des Erdgeschosses befanden sich das Kavalierspeisezimmer, Wohn- und Schlafzimmer des Oberhofmarschalls sowie Dienerzimmer, im Südteil die fürstliche Garderobe, Wohn- und Schlafzimmer des Obristkämmerers sowie weitere Bedientenzimmer. Veitshöchheim hatte sich vom Jagdsitz und Lusthaus endgültig zur kleinen Sommerresidenz gewandelt, die dem Fürstbischof die Möglichkeit zum Rückzug aus dem Würzburger Hofleben bot, aber auch zu angemessener Hofhaltung und Repräsentation in reduzierter Form.

*Gartensaal mit
Wappen des
Fürstbischofs
Johann Philipp
von Greiffenclau
(Raum 1)*

RUNDGANG DURCH DAS INNERE
GARTENSAAL UND TREPPENHAUS

1 GARTENSAAL

Im Ursprungsbau von 1682 war das Erdgeschoss als durch-
gehende querrechteckige Halle angelegt, an deren abge-
schrägte Ecken sich vier turmartig vorspringende Räume
anschlossen. Diese Sala terrena umfasste den heutigen Gartensaal, Kassenraum und Kassenvorraum sowie das halbe
Treppenhaus. Mit je fünf unverglasten Arkaden auf beiden
Längsseiten öffnete sie sich zum Garten. Erst in der zweiten Bauphase 1691/92 kamen an den Schmalseiten zwei
flankierende quadratische Räume hinzu (vgl. Plan S. 45).
Die Decke der Sala terrena, eine Holzkonstruktion mit 10,5
Meter Spannweite, drohte 1720 einzustürzen. Der Würzburger Baumeister Joseph Greising musste sie mit zwei

mächtigen Unterzugsbalken unterfangen und auf zwei Zwischenwänden abstützen, die den heutigen dreiachsigen Gartensaal abgrenzen. In der Folge wurden auch die offenen Arkaden durch Fenster und Türen geschlossen. Die nördliche Zwischenwand, ursprünglich wie die südliche nur mit zwei Türen als Durchgängen versehen, wurde erst beim Einbau der dahinterliegenden Treppe 1753 im Mittelabschnitt wieder geöffnet. Der Gartensaal übernahm damit auch die Funktion eines Vestibüls.

Im Zentrum der Decke hat sich das – für den verkleinerten Raum überdimensioniert erscheinende – stuckierte Wappen des Fürstbischofs Johann Philipp von Greiffenclau von 1702/03 erhalten. Der rot-gelbe Sandsteinplattenbelag wurde 1980 im ursprünglichen Rosenspitzmuster (erhalten im Kassenvorraum) erneuert.

Das von B. Neumann eingebaute Treppenhaus (Raum 2)

Gemälde: Drei Tierstücke mit Darstellungen von Hirschen, von dem Frankfurter Maler Johann Melchior Roos (zwei davon bezeichnet »J. Roos. fecit 1715«). Außer den Bildern erinnern sechs holzgeschnitzte Hirschköpfe mit echten Geweihen, vier davon im Erdgeschoss des Treppenhauses, an den Charakter des Sommerhauses als Jagdschloss.

2 TREPPENHAUS

Ursprünglich führte nur eine Wendeltreppe ins Obergeschoss, die sich spätestens seit 1692 im nordwestlichen Turmraum befand (1753 entfernt, Abgang zum Keller erhalten). Im Zuge der Erweiterung des Schlösschens legte

Balthasar Neumann 1753 ein repräsentatives, wenn auch etwas beengtes Treppenhaus an. Die Rückwand wurde zur Erweiterung des Raumes um 2,5 Meter nach Norden versetzt. Davor führt die dreiläufige, um einen schmalen Schacht angeordnete Treppe relativ steil nach oben. Bei der Restaurierung 2001–2005 wurde die in Resten nachweisbare ockergelbe Fassung der Sandsteinpfeiler und Balustrade der Treppe sowie der Tür- und Fenstergewände, wie sie zu Neumanns Zeit bestanden hatte, wiederhergestellt.

Im Erdgeschoss steht unter dem Treppengewölbe eine Jünglingsfigur in Stuck, die Antonio Bossi zuzuweisen ist, um 1753. Der gegen 1780 von Peter Wagner geschaffene Skulpturenschmuck der Treppenbalustrade besteht aus einem grauen Gipsgestein, dem sogenannten Heiligenthaler Marmor: Den Antritt flankieren auf hohen Sockeln zwei Ziervasen mit antikisierendem Herrscherbildnis und Herzogshut. Auf den beiden inneren Eckpfosten der Zwischenpodeste stehen ein Puttenpaar als Leuchterträger sowie ein rosenbekränzter Jüngling, dem ein Putto Rosen reicht. Im Obergeschoss finden sich drei Variationen desselben Motivs: Jeweils eine junge Frau, die ein Füllhorn als Leuchterpodest hält und von einem Putto begleitet wird. Als Abschluss stehen vor der Rückwand zwei Deckelvasen mit Widderköpfen. Die Stuckdekoration der Decke im Obergeschoss, die Antonio

Frau mit Füllhorn und Putto, Skulptur von P. Wagner (Raum 2)

Bossi 1753 angebracht hatte, ist 1945 zerstört und 1980/81 wieder rekonstruiert worden.

Gemälde: Im Erdgeschoss zwei Tierstücke, Schwäne und Adler darstellend, von Johann Melchior Roos (Letzteres bezeichnet »J. Roos. fecit. 1718«) ■ Im Obergeschoss: Apotheose auf den Ausgestalter des Schlosses, Fürstbischof Carl Philipp von Greiffenclau, dem die Allegorien von Regierung, Wissenschaft und Kunst huldigen, um 1750, im Gemäldeinventar von 1778 dem Maler Asor (?) zugeschrieben ■ Hirtenszene, von Cajetan Roos (1690–1770, Neffe des Johann Melchior Roos).

Puttenpaar als Leuchterträger, von P. Wagner (Raum 2)

Nächste Doppelseite: Saal mit Stuckaturen von Antonio Bossi (Raum 3)

Einrichtung: Im Obergeschoss zwei passend für die Fensternischen angefertigte Kastenbänke, Weichholz, fränkisch, Ende 18. Jh.

FÜRSTBISCHÖFLICHES APPARTEMENT

Das Obergeschoss des Schlosses enthält seit 1753 zwei Wohnappartements. Das südlich, im Anschluss an den Saal gelegene ist etwas größer und ab dem Saal komplett mit Tafelparkett und einer Enfilade aus Doppelflügeltüren ausgestattet. Hier richteten sich im 18. Jahrhundert die Würzburger Fürstbischöfe ihr Sommerquartier ein, während das nördliche Appartement als Gastwohnung bereitstand. 1752/53 ließ Carl Philipp von Greiffenclau (reg.

1749–1755) durch Antonio Bossi die Räume stuckieren. Der Hoftapetenwirker Andreas Pirot hatte die Seidenbespannungen für die Wände zu liefern. Die Möblierung wurde schon unter Greiffenclaus Nachfolger, Adam Friedrich von Seinsheim (reg. 1755–1779), wieder verändert, der sich sein Appartement nach seinen Worten »*ganz anders und vill gustoser*« einrichten ließ. Weitere Ergänzungen und Erneuerungen folgten bis 1802 unter den letzten Würzburger Fürstbischöfen, 1807/08 unter Großherzog Ferdinand III. von Toskana sowie nach 1814 unter den Wittelsbachern als neuen Landesherren. Bis 1931 waren die Räume im südlichen Flügelbau schließlich als Privatwohnung vermietet.

Erst nach einer umfassenden Restaurierung in den Jahren 1931/32 konnte das fürstbischöfliche Appartement wieder im Sinne der Seinsheim'schen Ausstattung eingerichtet werden. Dabei kam in Anlehnung an das Inventar von 1778 Mobiliar aus den Veitshöchheimer und Würzburger Beständen zum Einsatz, Fehlendes wurde aus anderen bayerischen Schlössern ergänzt. Die Stuckaturen wurden von späteren Schichten befreit, frühere Anstriche teilweise rekonstruiert. Nach 1945 mussten zunächst die Schäden des Zweiten Weltkriegs behoben werden. Anlässlich der grundlegenden Restaurierung der Räume und aller Ausstattungstücke in den Jahren 2001–2005 konnte die Einrichtung durch weitere, bislang deponierte Stücke bereichert werden. Der besondere Reiz der bischöflichen Gemächer liegt in der intimen, persönlich gefärbten Wohnlichkeit, die das Rokoko hier annahm.

3 SAAL

Der Ursprungsbau von 1682 bestand auch im Obergeschoss nur aus einem durchgehenden, fünfachsigen Saal mit Steinfußboden und vier angesetzten Eckräumen. Seit etwa 1720 trennten zwei Zwischenwände mit je zwei Tü-

ren sowie einem Kamin in der Nordwand daraus den dreiachsigen Mittelteil ab. Nach dem Einbau der neuen Treppe
und der Schlosserweiterung 1753 erhielt der Saal Tafelparkett, vergrößerte doppelflügelige Türen und der offene
Kamin wurde in die Südwand verlegt. Die Decke besaß von
Anfang an eine erhöhte Mittelpartie, die jetzt etwas un-
proportioniert in dem verkleinerten Saal sitzt. Ihre Stuckaturen stehen weiß vor bläulichem Grund und
stammen, wie in fast allen folgenden Räumen, von Antonio Bossi, 1752/53 (Mittelpartie original, die 1945 kriegszerstörten Sei-
tenflächen 2003/04 nach erhaltenen Resten
und Fotos rekonstruiert). Vier schmale Spiegel und vier einbeinige Konsoltischchen
an den Fensterpfeilern waren schon
1778 hier im »hochfürstlichen Speiß-
Saal« vorhanden. Derselben klassizistischen
Ausstattungsphase gehören wohl auch die
Lambris und der stuckierte Spiegelaufsatz über
dem rötlich-weißen Marmorkamin an.

Einrichtung: Fünf Spieltische zum Kartenspiel, mit dekorativ
eingelegten Tischplatten, ein Einzelstück mit Papageienmotiv
und zwei Paare mit geometrischen Mustern, fränkisch, um 1750
■ Zwölf Nussbaumstühle mit geflochtenem Sitz, fränkisch, um
1730 ■ Kommode, Rosenholz, mit reichem vergoldetem Bronzebeschläg, französisch, um 1750 ■ Kronleuchter mit gedrehten
Glasarmen, achtflammig, aus der Residenz Würzburg, um 1750
■ Zwei bemerkenswerte Wandleuchter mit drei Armen in floralen, durchbrochenen Formen, Bronze vergoldet, französisch, um
1740 ■ Vier konische Tischleuchter, Messing vergoldet, um 1770
■ Zwei Kaminböcke, Schmiedeeisen, und dreiteiliges Kaminbesteck, Schmiedeeisen, Griffe Bronze vergoldet, Mitte 18. Jh.

*Wand-
leuchter,
Bronze
vergoldet,
franzö-
sisch, um
1740 (Raum 3)*

Gemälde: An der Nordwand lebensgroßes ganzfiguriges Porträt des Erbauers des Schlosses, Fürstbischof Peter Philipp von

Dernbach (reg. 1675–1683), um 1680 ■ Seitlich davon »Geburt
Christi« und »Anbetung der Könige«, fränkisch, Mitte 18. Jh. ■
Seitlich des Kamins zwei Ruinenlandschaften, italienisch, Mitte 18. Jh. ■ Vier Supraporten, Landschaftsbilder, italienisch bzw.
niederländisch, 18. Jh. (die im Inventar von 1778 geschilderten
»4 Supraporten mit vielen Figuren, von Dominico Diepolo«,
sind verschollen).

◼4 BILLARDZIMMER

Schon unter dem hier porträtierten Fürstbischof Adam
Friedrich von Seinsheim (reg. 1755–1779) stand in diesem
Raum ein Billardtisch. Auch die exakt in die beiden Fensternischen eingepassten Diwans mit losen Rückenkissen
gehören zur Ausstattung der Seinsheimzeit. Ihr Unterge-
stell imitiert aufeinandergelegte Matratzen, besteht aber
aus einem aufklappbaren Kasten, in dem das Billardzube-
hör eingeschlossen werden konnte.
Die Deckenstuckaturen schuf Antonio Bossi 1752/53.
Die südöstliche der vier Doppelflügeltüren ist eine aus
Symmetriegründen eingefügte Blindtüre, die Tapetentür
daneben führt in das Dienerschaftszimmer im Turm. Der
gelblich-weiße Marmorkamin in dem Risalit der Nordwand bildet die Rückseite des Kamins im Saal. Er ist mit
einer gusseisernen Kaminplatte verschlossen, die das
Wappen des Fürstbischofs Friedrich Carl von Schönborn trägt (reg. 1729–1746). Der stuckverzierte Spiegelaufsatz darüber stammt vermutlich aus der Zeit um
1775, die dekorativen Malereien (Festons) über den Türen kamen wohl in der Toskanazeit 1807/08 hinzu. Die
Wandbespannung wurde 1978 in silbergrauem Seidendamast erneuert.

Einrichtung: 6-Loch-Billardtisch, Eichenholz, um 1775 ■
Zwei Queueständer, Kirschbaum, Anfang 19. Jh. ■ 30 Billard-
queues und Hilfsqueues, Anfang 19. Jh. ■ 13 Billardkugeln,

Elfenbein, Anfang 19. Jh., auf Lochbrett ■ Anzeigetafel, Holz, mit verschiebbaren Metallzeigern, Anfang 19. Jh. ■ Billard-Zahlentabelle auf Papier, Anfang 19. Jh. ■ Zwei Diwans, Weichholz, grün bezogen, mit je 5 Kissen, um 1778 ■ Zwei Etageren, Kirschbaum, mit achteckiger Marmorplatte, um 1808 ■ In den Ecknischen der Südwand die Marmorstatuen des Apollo und der Diana von Johann Wolfgang van der Auvera, um 1740, aus der in der Toskanazeit umgebauten Galerie der Residenz Würzburg ■ Bodenstanduhr, fränkisch, um 1750 ■ Zwei siebenarmige Wandleuchter mit Glasbehang, 18. Jh. ■ Zwei Paar Raffgardinen und Gardinenleisten, neu 2005, als Ersatz für die 1778 bezeugten »Zwei weiße(n) Aufzug Vorhäng«.

Gemälde: Porträt des Fürstbischofs Adam Friedrich von Seinsheim, von Franz Lippold, 1757, in reichem vergoldetem Roko-
korahmen.

5 GOBELINZIMMER

Dieser Raum nimmt mit seinem quadratischen Grundriss
komplett den südlichen der beiden ersten Anbauten des Ur-
sprungsbaus ein, die diesem 1691/92 an den Schmalseiten
angefügt worden waren. Nach der zweiten Erweiterung
1752/53 durch Balthasar Neumann diente er als Vorzimmer
zu dem neu südlich anschließenden fürstlichen Wohnzimmer, gleichzeitig wurde er von Antonio Bossi mit Deckenstuckaturen versehen. Auf dem Sockel des
großen, 1945 kriegszerstörten Kachelofens
steht jetzt ein gusseiserner Kanonenofen,
um 1770. Die Wandbespannung wurde 2005
in gelbem Seidendamast erneuert.

*Diana, Marmor-
statue von J. W.
van der Auvera
(Raum 4)*

Einrichtung: Tapisserie »Theophane mit Widder
und Amor« (Neptun in Gestalt eines Widders verführt
Theophane, die Tochter des Königs Bisaltes), Brüssel,
Ende 17. Jh. ■ Schreibtisch, mit Palisander furniert,
vergoldetes Bronzebeschläg, französisch, um 1750
■ Zwei Konsoltische, weiß und gold gefasst, Würzburg, um 1740 ■ Armlehnsessel, vergoldet, nach
Entwurf des Hofbildhauers Peter Wagner, 1778, zu-
gehörig zur Sitzgarnitur des ehemaligen Audienz-
zimmers der Bischofswohnung in der Residenz Würzburg, violetter Seidenbezug erneuert ■ Vier Polsterstühle, vergoldet, Würzburg, um 1780, rote Seidenbezüge
erneuert ■ Marmorgruppe eines liegenden Knaben mit
Hund, Geschenk der Frau v. Reigersbach an Fürstbischof Carl Philipp von Greiffenclau, italienisch,
1. Hälfte 18. Jh. ■ Zwei Deckelvasen, Porzellan, Japan, 18. Jh. ■ Zwei Wandspiegel mit vergoldeten

Rahmen, um 1770 ■ Tablett mit fünfteiligem Schreibzeug, Silber, Ende 18. Jh. ■ Zwei dreiarmige Tischleuchter in Form einer Vase mit drei Lilien, Bronze vergoldet, Anfang 19. Jh. ■ Zwei Paar Wandarme in floralen Formen, zwei- bzw. dreiarmig, Bronze vergoldet, um 1750 ■ Kronleuchter in Korbform mit Glasbehang, achtflammig, 1. Hälfte 18. Jh. ■ Zwei Paar gelbe Seidengardinen und eiserne Gardinenstangen, neu 2005.

Gemälde: Jacob und Rahel am Brunnen, von Federico Bencovich, der 1736/37 für die Würzburger Hofkirche zwei (heute verschollene) Altarbilder gemalt hat.

Jacob und Rahel am Brunnen, von Federico Bencovich (Raum 5)

Nächste Doppelseite: Gobelinzimmer (Raum 5)

Spielende Tiger, Detail des Kabinettschranks (Abb. rechts)

Nächste Doppelseite: Fürstbischöfliches Wohnzimmer (Raum 7)

6 TURMZIMMER

In fürstbischöflicher Zeit war hier ein »Kupfer-Cabinett« eingerichtet und mit 77 Kupferstichen in Eichenholzrahmen ausgestattet. Der Laubwerkstuck an der Decke stammt noch aus der Erbauungszeit 1682, die Papiertapete und der ungewöhnliche Deckenleuchter in Form eines fliegenden weiblichen Genius, der eine Ampel trägt, aus der Toskanazeit, 1807/08.

Einrichtung: Schreibsekretär, Nussbaum furniert, Würzburg, um 1720 ■ Deckenleuchter, Genius mit dreiflammiger Ampel, Holz, bronzefarben gefasst und vergoldet, um 1807/08.

Gemälde: Porträt des Fürstbischofs Johann Philipp von Greiffenclau (reg. 1699–1719) ■ Flucht nach Ägypten, Anfang 18. Jh.

Die Deckenstuckaturen von Antonio Bossi, 1752/53, sind grünlich getönt. In dem Kaminrisalit der Ostwand sitzt ein blassroter Marmorkamin in Rokokoformen. Die Stuckverzierungen des Kaminspiegels und seines Pendants gegenüber am westlichen Fensterpfeiler entstanden wohl um 1775, ebenso der schmale Spiegel am südlichen Fensterpfeiler. Die dekorativen Malereien über den Türen (Vasen mit Festons) kamen vermutlich in der Toskanazeit 1807/08 hinzu.

Kabinettschrank, um 1740 (Raum 7)

Eine besondere Kostbarkeit stellt die in der Mitte des 18. Jh. in Lyon gewebte seidene Wandbespannung dar, die seit 1931/32 hier in zwei verschiedenen Musterungen angebracht ist (restauriert 2004/05). Sie ist im sogenannten »Chiné à la branche«-Verfahren hergestellt, bei dem die Kettfäden schon vor dem eigentlichen Weben im Muster gefärbt werden. Durch die beim Webprozess eintretenden geringen Längenverschiebungen der einzelnen Fäden erhält das Muster zart verschwimmende, an chinesische Tuschzeichnungen erinnernde Konturen.

Einrichtung: Kabinettschrank, Aufsatz mit Spiegeltüren, Fichte mit schwarzem Lackfurnier und fernöstlichen Motiven, holländisch (?), um 1740 ■ Asymmetrischer Eckschreibtisch

mit Aufsatz, Nussbaum furniert, aus Schloss Nymphenburg, um 1760 ■ Spieltisch, Nussbaum furniert, mit reicher Intarsienornamentik, fränkisch, um 1755 ■ Konsoltisch, weiß und gold gefasst, nach Entwurf von Hofbildhauer Peter Wagner, Würzburg, 1763 ■ Eckschränkchen, Nussbaum furniert, mit Rautenmarketerie, fränkisch, um 1760 ■ Vier Armlehnsessel, weiß gefasst, zwei mit weißen, zwei mit grünen Brokatbezügen, um 1750 ■ Zwei Deckelschalen, Porzellan, Japan, 18. Jh., mit europäischer Silbermontierung ■ Deckelvase, Porzellan, Japan, 18. Jh. ■ 3 Tischleuchter mit gewundenen Schäften, Messing versilbert, Ende 18. Jh. ■ Ein Paar zweiarmige Wandleuchter mit Maskarons, Bronze vergoldet, von Hofschlosser Johann Georg Oegg, Würzburg, um 1750 ■ Kronleuchter in Korbform mit Glasbehang, achtflammig, um 1750 ■ Zwei Kaminböcke und dreiteiliges Kaminbesteck, Schmiedeeisen, um 1760 ■ 4 Paar weiße Gardinen mit Gardinenstangen, neu 2005.

Gemälde: Porträt des Fürstbischofs Adam Friedrich von Seinsheim (reg. 1755–1779), aus der Werkstatt des Münchner Hofmalers Georg Desmarées, um 1764.

■8■ SCHLAFZIMMER MIT RETIRADE

Zusammen mit dem vorausgehenden Wohnzimmer und dem folgenden Kammerdienerzimmer (nicht zugänglich) liegt das Schlafzimmer in dem ab 1749 durch Balthasar Neumann errichteten südlichen Anbau des Schlosses. Erst mit dieser zweiten Erweiterung standen nach dem Saal genügend Räume für ein zwar kleines, aber regelkonformes fürstliches Wohnappartement zur Verfügung. Antonio Bossi stuckierte 1752/53 die Decke. Der Blindkamin aus blassrotem Marmor bildet die Rückseite des Wohnzimmerkamins. Seine gusseiserne Kaminplatte zeigt die alttestamentarische Geschichte von Absaloms Tod. Sie trägt außerdem den Namen eines Johannes Konradus Bruner von Braunfels und die Jahreszahl 1674, wurde also in Zweitverwendung

hier eingesetzt (nachgewiesen seit 1778). Die Stuckverzierungen des Kaminspiegels entstanden wohl um 1775, ebenso der schmale Spiegel am südlichen Fensterpfeiler. Die roséfarbene Seidendamastbespannung der Wände wurde 1978 angebracht.

Einrichtung: Bett und zwei Armsessel im Geschmack des späten Louis-seize, grün gefasst und versilbert, um 1780, grüne Seidenbezüge erneuert. Bettdecke und Schlummerrolle neu 2005 ■ Nachttischchen mit Rollverschluss, Nussbaum, um 1790 ■ Zwei Tischleuchter, Kupfer versilbert, Ende 18. Jh.

Gemälde: Madonna lactans, deutsch, 17. Jahrhundert ■ Beweinung Christi, Rubensschule, bezeichnet 1615.

Retirade (Toilette) hinter der Tapetentüre der Rückwand, mit Papiertapete der Toskanazeit, um 1807/08 (gleiches Passionsblumenmotiv wie in Raum 13); Blindfenster mit Tapetenbild einer italienischen Landschaft.

9 KAPELLE

Kapelle mit
Stuckmarmor-
altar von
Antonio Bossi
(Raum 9)

An der Decke sind noch die Stuckaturen aus dem Ursprungsbau von 1682 erhalten. Eine spätestens 1692 eingebaute Wendeltreppe, die vom Erdgeschoss in diesen Raum führte, war damals der einzige Zugang zum Obergeschoss. Nach dem Neubau der Neumann'schen Treppenanlage 1753 konnte sie abgetragen und der Raum zur Kapelle umgestaltet werden. Der Fußboden wurde geschlossen und mit Steinplatten belegt, eine zweite, doppelflügelige Türe eingebrochen, die westliche Fensternische mit einem stuckierten Rahmen eingefasst und vor dem zugesetzten Fenster ein Altartisch aus Stuckmarmor aufgestellt. Alle Stuckarbeiten, auch die den Altar bekrönenden Skulpturen, ein Kruzifix und zwei darunter kniende Engel, schuf Antonio Bossi 1753. Wahrscheinlich von Anfang an (nachweislich seit 1778) war in der Kapelle eine Tapete aus Goldleder mit geprägtem und farbig gefasstem Ornamentmuster angebracht. Hergestellt wurde sie vermutlich in der ersten Hälfte des 18. Jahrhunderts in Flandern. Eine Goldledertapete besteht aus Kalbs- oder Ziegenleder, das zunächst vollflächig versilbert, danach reliefartig geprägt und schließlich farbig bemalt und mit diversen Überzügen versehen wurde. Der Goldton, der dieser Art von Tapete den Namen gab, entstand erst durch einen transparenten gelben Lack, mit dem der versilberte Grund überzogen wurde. 1998 musste diese Ledertapete wegen starker Schäden abgenommen und deponiert werden. Seit 2005 erinnert ersatzweise eine fotografische Reproduktion auf Papier an das ursprüngliche Erscheinungsbild des Raumes.

Der zum Sessel verwandelte Betstuhl

Einrichtung: Betstuhl, auch zum Sessel zu verwandeln, um 1730.

TOSKANA-APPARTEMENT

Seit 1753 befand sich in den Räumen nördlich des neuen Treppenhauses das ursprünglich im Stil des Rokoko eingerichtete Gastappartement der Fürstbischöfe. An den Decken haben sich noch die Rokokostuckaturen von Antonio Bossi erhalten. Im Gegensatz zum fürstbischöflichen Appartement sind die Türen hier kleiner und nur einflügelig, und die Fußböden bestehen aus einfachen Dielen statt aus Tafelparkett. In den Jahren 1807/08 hatte der Habsburger Ferdinand III. von Toskana, der 1806–1814 als Großherzog von Würzburg regierte, die Wohnräume des Schlosses – und damit auch dieses Appartement – neu im Stil des höfischen Biedermeier möblieren lassen. Diese Situation beschreibt der Verwalter der königlich bayerischen Schlösser, Jakob May, im Jahr 1830: »*Vergeblich sucht man hier etwas Glanzvolles und Ausgezeichnetes in der innern Einrichtung dieser Zimmer; sie stehen über eine bürgerliche Einrichtung nicht viel erhaben, und harmonieren so ganz gut mit der Einfachheit des Landlebens, für dessen Genuß dieses Lustschloss erbaut worden.*«

Nachdem beide Appartements zu Anfang des 20. Jahrhunderts als Privatwohnungen abgeteilt und vermietet waren, konnte auch diese nördliche Raumfolge erst nach der Restaurierung 1931/32 wieder historisch eingerichtet werden. Seine besondere Note und Sehenswürdigkeit verdankt das Appartement den dekorativen Papiertapeten der Toskanazeit, die damals unter späteren Tapetenschichten hier wieder freigelegt werden konnten oder aus anderen Räumen des Schlosses hierher transferiert wurden. Gleichzeitig erfolgte in Anlehnung an das Inventar von 1819 wieder eine komplette Einrichtung mit von Großherzog Ferdinand angeschafften Möbeln, die entweder aus Veitshöchheim selbst oder aus den Toskanazimmern der Würzburger Residenz stammen. Bei der grundlegenden Restaurierung der Räume und aller Ausstattungsstücke in den Jahren 2001–2005 konnte schließlich auch die nach Befund festgestellte toskanazeitliche hellgraue Fassung der Lambris und der Türen rekonstruiert werden. So entsprechen die Räume heute wieder dem Eindruck schlichter Eleganz, den schon Schlossverwalter May treffend beschrieben hatte.

10 VORZIMMER

Nur in diesem Raum zeigt der Deckenstuck von Antonio Bossi, 1752/53, ein figürliches Motiv: eine Nereide mit wasserspeiendem Putto. Die Ofennische ist als raumhoher Risalit mit flacher Konche ausgebildet, auf dem Steinsockel davor steht ein gusseiserner Kanonenofen mit Cäsarenmedaillon und Henkelvase, um 1770. Seit der letzten Restaurierung 2005 ist die toskanazeitlich hellgraue Fassung der Türen und der gemalten Lambrisfelder sowie die Weißfassung der Ofennische wiederhergestellt. Dies verhilft auch der gleichzeitig 1807/08 entstandenen Papiertapete mit Blattmuster auf grünem Grund wieder zu ihrer ursprünglichen Farbwirkung.

Einrichtung: Kirschbaummöbel aus der Toskanazeit, um 1807/08: zwei Kommoden, ein Konsoltisch mit grauer Marmorplatte, ein Tischchen und fünf Polsterstühle ■ Wandspiegel mit vergoldetem Rahmen in Empireformen, Aufsatz mit geschnitztem Köcher und Blumen, um 1780 ■ Zwei Handleuchter, Messing vergoldet, um 1740 ■ Gardinenleiste, 19. Jh., mit dreiteiliger Voile-Gardine, neu 2005.

Grafiken: Sechs englische Schabkunstblätter und eine Aquatinta: fünf Darstellungen aus der Geschichte Josephs von Ägypten, nach Guercino von Dunkarton und Murphy, 1781 ■ Abra-

hams Gastmahl mit den drei Engeln, nach Murillo von Facius,
1781 ▪ Triumph des Mardochai, nach Eeckhout von Earlom,
1787 (Aquatinta).

11 SCHREIBKABINETT

Während in den übrigen Räumen des Appartements
1752/53 einfache neue Dielenböden verlegt wurden, hat
sich in diesem Kabinett als wiederverwendetes Reststück
etwa ein Viertel des ornamental gefelderten Fußbodens
aus dem großen Raum des quadratischen Anbaus von 1691
erhalten. Die Deckenstuckaturen stammen auch hier von
Antonio Bossi, 1752/53. Die Papiertapete aus der Toskanazeit, 1807/08, zeigt ein grün-graues Muster aus zwei
fein gezeichneten Motiven: blumengefüllte Amphoren
zwischen Vogelpaaren sowie Lyren zwischen Ähren. Der
ursprünglich kräftig rote Fond ist heute völlig verblasst.

*Vorzimmer mit
grüner Papier-
tapete aus der
Toskanazeit
(Raum 10)*

*Nächste
Doppelseite:
Wohnzimmer mit
Kirschbaum-
möbeln aus der
Toskanazeit
(Raum 12)*

Einrichtung: Möbel aus der Toskanazeit, um 1807/08: ein
Schreibsekretär, mit Eibe furniert; eine Kommode und ein
Tischchen, mit Zwetschge furniert; ein Wandspiegel in Kirschbaumrahmen ▪ Sitzmöbel von dem Frankfurter Schreinermeis-
ter Johann Valentin Raab, mit Mahagoni furniert, um 1808: drei
Stühle mit blauem Lederbezug und ein Armsessel mit gefüllten
Lehnen (Stoffbezug erneuert) ▪ Reifenkronleuchter mit Perlglasketten, sechsflammig, um 1810 ▪ Gardinenleiste, 19. Jh.,
mit dreiteiliger Voile-Gardine, neu 2005.

12 WOHNZIMMER

Wie im südlichen Appartement liegen auch Wohn-, Schlaf-
und Dienerzimmer des Toskana-Appartements in dem Flü-
gelanbau Balthasar Neumanns von 1752/53. Aus dessen
Bauzeit stammen im Wohnzimmer die Deckenstuckaturen
von Antonio Bossi sowie der Kaminrisalit. Die Kamin-
einfassung aus grauem Muschelkalk ziert ein Lilienzepter-

rad, das Familienwappen des Auftraggebers der Flügelbauten, Fürstbischof Carl Philipp von Greiffenclau (reg.
1749–1753). Die Stuckverzierungen des Kaminspiegels
entstanden wohl um 1775. In der Toskanazeit, 1807/08,
kam die reizvolle Papiertapete mit weißem Blattmuster auf
ockerfarbenem Grund und streifenförmigen dunkelgrü-
nen Blattranken hinzu.

Einrichtung: Kirschbaummöbel aus der Toskanazeit, um
1807/08: eine Kommode mit fleischfarbener Marmorplatte, ein
Sofa, ein Tisch, vier Stühle, ein Armlehnstuhl (Bezüge erneuert), ein Tisch mit rötlich-grauer Marmorplatte, ein Schreibtisch
mit lederbezogener Platte, ein Wandspiegel, eine Blumen-Eta-
gere ■ Uhr mit Zar Alexander von Russland, Bronze vergoldet,
Paris, um 1810 ■ Zwei Handleuchter, Messing vergoldet, Ende
18. Jh. ■ Reifenkronleuchter mit Perlglasketten, zwölfflammig,
um 1810 ■ Zwei Kaminböcke und dreiteiliges Kaminbesteck,
Schmiedeeisen, 19. Jh. ■ Vier Gardinenleisten, 19. Jh., mit dreiteiligen Voile-Gardinen, neu 2005.

Gemälde: Zwei italienische Architekturveduten des 17. Jahrhunderts, darstellend die Auffindung des Moses sowie David und Bath-
seba ■ Porträt des Neugestalters des Appartements, des Großherzogs Ferdinand von Toskana (reg. 1806–1814) ■ Zwei Stuck-
marmorplatten mit Quodlibet-Motiven, Rom, 2. Hälfte 18. Jh.

▪13▪ SCHLAFZIMMER

Aus seiner Bauzeit 1752/53 besitzt das Schlafzimmer außer dem Blindkamin auf der Rückseite des offenen Kamins im Wohnzimmer noch einen Eckrisalit mit konchen-
förmiger Ofennische. Die wenigen Stuckaturen von Antonio Bossi stammen ebenfalls aus dieser Zeit. Die
gusseiserne Platte, die hier in Zweitverwendung die Sand-
steinöffnung des Kamins verschließt, trägt das Wappen des
Johann Gottfried von Guttenberg und die Jahreszahl 1697.

Vermutlich wurde sie beim Umbau des unter diesem Fürstbischof errichteten quadratischen Anbaus von 1691 hierher versetzt. Der gusseiserne Kanonenofen ist um 1780 zu
datieren. Raumbeherrschend ist die Papiertapete aus der

*Schlafzimmer
mit Papiertapete
aus der
Toskanazeit
(Raum 13)*

Toskanazeit, 1807/08, mit Passionsblumenmotiv in Grün- und Brauntönen auf blauem Fond, die hier auch über den Kaminrisalit und bis in die Fensternischen tapeziert ist.

Einrichtung: Kirschbaummöbel aus der Toskanazeit, um 1807/08: ein Bett mit Baldachin in Empireformen (Textilien erneuert), ein Nachttischchen mit Rollverschluss, eine Kommode, zwei Stühle, ein Wandspiegel ■ Zwei Handleuchter, Messing, um 1815 ■ Vasenförmige Alabasterampel mit Löwenköpfen, um 1808 ■ Zwei Gardinenleisten, 19. Jh., mit dreiteiligen Voile-Gardinen, neu 2005.

Gemälde: Weinender Petrus, italienisch, um 1700.

14 DIENERZIMMER

Einrichtung: Möbel aus der Toskanazeit, um 1807/08: eine Kommode, Mahagoni, und zwei Armlehnsessel, Kirsche (Bezug erneuert) ■ Spiegel mit Kirschbaumrahmen, um 1830 ■ Ofen, Gusseisen, um 1815 ■ Zwei Gardinenleisten, 19. Jh., mit Voile-Behang, neu 2005.

Gemälde: Apollo und Klytia, Mitte 18. Jh.

15 ANRICHTE

Auch der Laubwerkstuck an der Decke dieses Turmzimmers stammt noch aus der Erbauungszeit 1682.

Einrichtung: Tisch, Eiche und Nadelholz, um 1750 ■ Schwenkkessel, Kupfer, 1. Hälfte 19. Jh.

Große Vitrine: Küchenutensilien der ersten Hälfte des 19. Jh.: Servierblech, Eisen bemalt ■ Teller, Kupfer verzinnt, 18. Jh. ■ Drei Wärmteller, Kupfer versilbert ■ Kessel mit Deckel, Kupfer ■ Eisbüchse mit Deckel, Zinn ■ Drei Kasserollen mit, eine

ohne Deckel, Kupfer ▪ Mokkakännchen mit Deckel, Kupfer ▪ Fettbüchse mit Deckel, Holz.

Wandvitrine: Enghalskrug, Fayence, Blaumalerei, Ansbach, um 1740–1750 ▪ Vier Teller, Fayence, Blaumalerei, Straßburg, um 1730 ▪ Drei achteckige Platten, Fayence, Blaumalerei, Straßburg, um 1730.

GARTENAUSSTELLUNG IM SCHLOSS
RAUM 16 – 19

Im Erdgeschoss des nördlichen Seitenflügels ist seit 2005 eine Dauerausstellung über die Geschichte des Hofgartens Veitshöchheim zu sehen. Sie trägt den Titel: »Es kommen immer Leit aus Würzburg und Frembde hierher ...« und soll Erwachsene und Kinder gleichermaßen ansprechen. (Unter gleichem Titel ist ein gesonderter Bildführer zur Ausstel-

lung erschienen.) Um den Eindruck der historischen
Schlossräume, in denen die Ausstellung untergebracht ist,
möglichst wenig zu beeinträchtigen, wurden die großfor-
matigen Ausstellungstafeln von den restaurierten und teilweise wiederhergestellten Wänden abgerückt und in einer
ruhigen, einheitlichen Farbgebung gehalten. Die erwachsenen Ausstellungsbesucher erhalten ihre Informationen auf
blaugrauen Ausstellungstafeln mit eingebauten Exponatvi-
trinen. Für die Kinder wurden orangefarbene Ausstellungstafeln mit großen Vitrinen aufgestellt. Die darin gezeigten
Marionetten stellen wichtige Persönlichkeiten dar, die an
der Gestaltung des Rokokogartens maßgeblich beteiligt waren (Fürstbischof, Hofgärtner, Hofbildhauer, Gärtnerjunge). Über einen Audioguide erzählen und erklären sie den
Kindern Interessantes zum Garten, wobei der Gärtnerjunge
als Identifikations- und Leitfigur fungiert.

Im ersten Raum der Gartenausstellung wird die Entste-
hungs- und Entwicklungsgeschichte des Veitshöchheimer

Hofgartens beleuchtet. Die Anlage wurde im 17. Jahrhundert von den Würzburger Fürstbischöfen als Jagdsitz genutzt. Im 18. Jahrhundert ließen sie den Jagdsitz mit dem einfachen Gartenpavillon nach und nach zum Lustgarten mit einem ansehnlichen kleinen Sommerschloss ausbauen. Ihren Höhepunkt erlebte die Anlage in der Regierungszeit des Fürstbischofs Adam Friedrich von Seinsheim (reg. 1755–1779), als der Rokokogarten entstand. Diese Blütezeit des Hofgartens zeigt ein mittig im Raum positioniertes Miniaturmodell der Gesamtanlage. Abgerundet wird die Chronologie des ersten Raumes durch die Ausstellungstafeln zur weiteren Entwicklung des Hofgartens bis in die Gegenwart.

Im zweiten und dritten Ausstellungsraum werden charakteristische Gestaltungs- und Ausstattungselemente des Gartens erläutert. Der Schwerpunkt der Ausstellung liegt in diesen beiden Räumen auf Elementen, die entweder nicht mehr vorhandenen sind, wie beispielsweise die im Zweiten Weltkrieg zerstörte Kaskade, oder auf Elementen, die für die Gartenbesucher normalerweise nicht zugänglich sind, wie das Innere des Grottenhauses oder des Wasserturms. Darüber hinaus wird die Bedeutung der exotischen Gehölze und der Nutzpflanzen für die herrschaftlichen Gärten des 18. Jahrhunderts dargestellt, das komplizierte System der Entwässerungskanäle und die Funktionsweise der Wasserspiele erklärt sowie die Notwendigkeit einer regelmäßigen Gartenpflege vor Augen geführt.

Im letzten Raum der Gartenausstellung können sich die Besucher verschiedene Filme über den Hofgarten Veitshöchheim ansehen. So informiert beispielsweise ein kurzer Filmbeitrag über die im wiederhergestellten Küchengarten angepflanzten alten Gemüsesorten und Küchenkräuter. Ein weiterer Film zeigt die Fülle an Wasserspielen im Hofgarten. Auch die zwischen 2003 und 2005 realisierte Wiederherstellung des Schlossparterres ist hier in einem zweiteiligen dokumentarischen Beitrag festgehalten.

Nächste Doppelseite: Luftbild, Schrägaufnahme von Westen, 2007 (Bayerisches Landesvermessungsamt München)

Der Garten – Struktur und Ausstattung

Die unter Fürstbischof Adam Friedrich von Seinsheim zwischen 1763 und 1779 umgestaltete und erweiterte Gartenanlage in Veitshöchheim ist in den nachfolgenden Jahrzehnten von verändernden Eingriffen im Wesentlichen verschont geblieben. Diese Tatsache und die Kontinuität der Pflege von Alleen, Hecken, Wegen, Wasserflächen, Parkbauten und Skulpturen über nunmehr fast 230 Jahre begründet neben dem herausragenden künstlerischen Wert der Gartenanlage heute die einzigartige Bedeutung des Veitshöchheimer Hofgartens als Gartendenkmal von internationalem Rang.

STRUKTUR DES HOFGARTENS

Der Hofgarten erstreckt sich auf einem verhältnismäßig kleinen, unregelmäßig geschnittenen Areal, dessen Größe ursprünglich 13,20 Hektar betrug. Mit dem Verkauf des nördlichen Gartenareals im Jahr 1970 verkleinerte sich der Garten auf heute noch 12,55 Hektar. Die längste Ausdehnung von der neuen Gartenmauer im Norden zum Kaisertor im Süden beträgt etwa 500 Meter und die maximale Breite zwischen Schießturm im Osten und der Gartenmauer an der Würzburger Straße im Westen ca. 280 Meter.

Der geometrische Grundriss der gesamten Anlage wird durch Alleen und Wegeachsen geordnet und in einzelne Zonen und Kompartimente untergliedert. Die Zonen sind in sich wiederum vielfach spiegelsymmetrisch aufgebaut.

Um die Auffahrtsallee und die Schlossterrasse erstreckt sich im Norden des Hofgartens die eher heterogen struk-

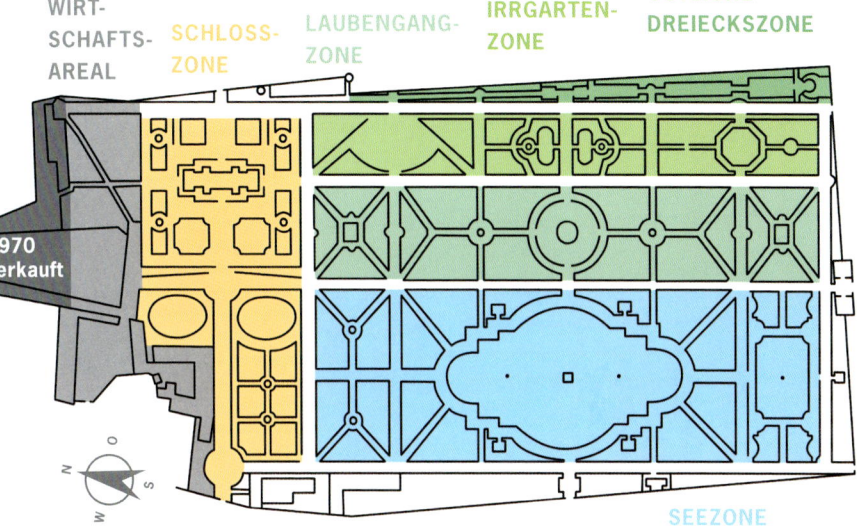

turierte Schlosszone. Die übrigen vier Zonen sind lang
gestreckt und bilden den Südteil des Hofgartens. Durch
Alleen und Heckengänge voneinander getrennt staffeln
sie sich von Westen nach Osten hangaufwärts aneinan-
der. Im Westen, am tiefsten Punkt des Gartens, liegt die
Seezone, gefolgt von der Laubengangzone, der Irrgartenzone und schließlich der spitz zulaufenden Östlichen
Dreieckszone.

Von geometrischen Formen ist nicht nur der Grundriss, sondern auch der Aufriss geprägt: rechtwinklig geschnittene
Heckenwände, würfel-, kegel- oder becherförmig geschnittene Baumkronen, Formbäumchen in der Gestalt von Spi-
ralen oder Kegelstümpfen mit Kugeln, bogenförmige Holzlattenarchitekturen mit eingelassenen ovalen und rechteckigen Fensterdurchblicken sowie regelmäßig aufgestellte
Gartenskulpturen. Auch die symmetrisch angeordneten
Springstrahlen im Großen See greifen die Idee eines durch
und durch geometrisch-regelmäßigen Gartens auf.

*Übersichtsplan
mit Abgrenzung
der Gartenzonen*

Eine vom Schloss ausgehende Hauptachse, an der der gesamte Garten ausgerichtet werden könnte, existiert nicht. Es sind vielmehr zwei in Ost-West-Richtung verlaufende Hauptquerachsen vorhanden. Die eine erstreckt sich vom heutigen Bahnhofstor über das Schloss zum Fasanentor. Die zweite beginnt im Osten am Standort der verloren gegangenen Kaskade, schneidet mittig die Irrgarten-, Laubengang- und die Seezone und führt schließlich zum westlichen Gittertor an der Mainseite des Gartens. Anhand der beiden Hauptachsen wird die Zweigeteiltheit des Gartens deutlich. Der kleinere, etwa 3 Hektar umfassende nördliche Teil, die sogenannte Schlosszone, besteht aus der Zufahrtsallee mit dem unmittelbar benachbarten Küchengarten, den Flächen der beiden ehemaligen ovalen Fischteiche, dem Schlossparterre mit Schloss, der nördlichen Schlosswiese und dem ehemaligen Hechtsee. Die beiden letztgenannten Elemente gehören heute nur noch teilweise zum Hofgarten. Der von der zweiten Hauptachse zusammengehaltene südliche Teil des Hofgartens ist mit 9,5 Hektar dreimal so groß wie der nördliche und umfasst die komplette See-, Laubengang- und Irrgartenzone sowie die Östliche Dreieckszone. Diese Zweiteilung des Gartens hatte sich schon mit seiner Erweiterung zu Beginn des 18. Jahrhunderts manifestiert.

Der unregelmäßige Grundriss des Gartens, der sich im Verlauf der Umfassungsmauer spiegelt, wird durch ein eingefügtes regelmäßiges Rechteck in eine nahezu geometrische Form gebracht. Die dadurch entstehenden dreieckigen Restzwickel bleiben wegen der hohen Heckenwände des umlaufenden Ganges dem Blick des Besuchers verborgen. Im ersten Gartenplan (Abb. S. 10) ist dieser Aufbau des Gartens gut zu erkennen. Die Heckenwände, die den Garten innerhalb der umlaufenden Randallee gliedern, sind niedriger und in Höhe und Breite vielfach differenziert. Die Heckenwände der Randalleen sind nur an den Stellen unterbrochen, wo Gittertore in den Mauern

Die frei wach-
sende Fichten-
allee, die auf die
Mitte der süd-
lichen Seiten-
front des
Schlosses zu-
läuft

schmale Sichtkorridore in die umgebende Landschaft zu-
lassen. Die übrigen Quer- und Längsachsen des Gartens
enden allesamt in figurbesetzten Heckennischen entlang
des umlaufenden Randweges.

Von Nord nach Süd wird der Garten durch eine kastenförmig geschnittene Lindenallee und durch eine frei wachsende Fichtenallee, die auf die Mitte der südlichen Seitenfront
des Schlosses zuläuft, in drei gleich lange (333 Meter), aber
unterschiedlich breite Zonen geteilt. Mit 110 Metern ist die
Seezone im Westen am breitesten. Es folgt die Laubengangzone mit ca. 60 Metern und die Irrgartenzone auf der
östlichen Seite mit ca. 40 Metern Breite. Jede dieser drei
Gartenzonen (eine Ausnahme bildet hier nur der Bereich des
Gartentheaters in der Irrgartenzone) hat eine mittige, längs-
orientierte Sicht- und Symmetrieachse, die in der südlichen
Randallee jeweils in einem sogenannten Point de vue (bau-
licher oder figürlicher Blickfang am Ende einer Sicht- bzw.
Wegeachse) endet und im Gegensatz zu fast allen parallel
liegenden Alleen nicht in die Umgebung ausläuft.

Blick vom Grottenhaus (Nr. 49) nach Norden über die Östliche Drei- eckszone

Als letzte Gartenzone wurde in den 1770er Jahren die Östliche Dreieckszone angelegt. Sie füllt den östlichen der drei Gartenzwickel außerhalb des erwähnten Recht- ecks und ist deshalb durch die hohen Heckenwände der östlichen Randallee von der benachbarten Irrgartenzo- ne getrennt. Hier gibt es bis auf die Öffnungen an den Querachsen keine Blickbezüge zwischen den beiden Zo- nen.

GARTENPLASTIK

Am stärksten wird das Rokoko in Veitshöchheim durch die Fülle der Skultpuren des bambergischen Hofbild- hauers Ferdinand Tietz (1708–1777) zur Geltung ge- bracht, der aus Böhmen stammte und zum führenden Gartenplastiker seiner Zeit aufstieg. Voraus ging die Aus- stattung der Schlossterrasse mit Skulpturen von Musen und Göttern aus der Hand des würzburgischen Hofbildhauers Johann Wolfgang van der Auvera und seiner Werkstattnachfolger. Dann zierte Ferdinand Tietz in den Jahren 1765–1768 weite Teile des Gartens (See-, Laubengang- und Irrgartenzone) aus. Mit seinen Sandsteinskulpturen sollten die verschiedenen Gartenpartien, je auf eine andere Weise, belebt werden.

In der weiträumigen, lichten Seezone werden die antike Sintflutsage und der Triumph der Götter, Musen und Künste als Repräsentanten der neuen Weltordnung dargestellt. Der Musenberg Parnass mit dem aufsteigenden Dichterross Pegasus ist darüber hinaus ein Symbol für den Gartens als Ganzes. In der intimen Raumfolge der Laubengangzone wird von Kavalieren und Hofdamen, vor allem aber von einer possierlichen Kinderschar ein Fest mit Musik, Tanz und Maskerade gefeiert. In der Irrgartenzone schließlich begegnet man naturhaften Wesen und Tiergruppen aus den Fabelwelten des Äsop und La Fontaine. Vor den Kulissen des Heckentheaters traten ursprünglich die ausgelassenen Gestalten der altitalienischen Stegreifkomödie auf, der Commedia dell'Arte. Man hat in dieser Charakterisierung der drei Regionen eine symbolische Darstellung der Grundformen des Lebens gesehen: des geistigen Aufschwungs, der kulturellgesellschaftlichen Entfaltung und des rein naturhaften Daseins. Mehr noch als im Programm wird die Veitshöchheimer Gartenplastik des Ferdinand Tietz in ihrem Stil von einer tiefen Naturverbundenheit erfüllt. Die Figuren erscheinen nicht von ihrer Umgebung abgehoben, sie fügen sich vielmehr in den Zusammenhang der Heckennischen und -wände schmiegsam ein. Vielfach werden die Übergänge von Natur und Kunst so fließend gestaltet, dass illusionistische Eindrücke wie auf dem barocken Theater entstehen, besonders ausgeprägt z.B. beim Parnass im Großen See, bei der Orpheus- oder der Diana-Gruppe an der südlichen Randallee. Aus der an Rom

Die aus der Werkstatt des J. W. van der Auvera stammende Muse Arethusa auf der südlichen Futtermauer der Schlossterrasse (Nr. 5)

orientierten Schule des böhmischen Hochbarock brachte Tietz einen Stil voller Pathos und plastischer Kraft mit. In Franken vollzog sich die Wende zum Feingliedrigen und Graziösen. Die tänzerische Beschwingtheit seiner Gestalten und der sich gelegentlich bis zur Drastik steigernde Ausdruck im Mimischen eignet sich besonders gut zur Ausstattung von Gärten, erforderte doch gerade die Gartenskulptur eine stärkere, auf weite Sicht wirkende und sich der Natur gegenüber behauptende Form. Auch ihre reichen Stimmungsgehalte verdankt die Veitshöchheimer Plastik der Sonderart, dem musikantischen Wesen, des Meisters.

Ihren Abschluss fand die Ausstattung des Gartens durch die Staffagen und Figuren in der Östlichen Dreieckszone, die der Stuckateur Materno Bossi und der würzburgische Hofbildhauer Johann Peter Alexander Wagner 1772–1776 in klassizistischem Stil schufen. Während freilich Tietz die Antike in naiver Weise als gesteigertes Abbild der eigenen Art und Gegenwart empfand, wurde sie nunmehr zu einem fernen, über dem Leben stehenden Ideal. Wagner schuf zwischen 1775 und 1778 auch den figuralen Schmuck auf der Balustrade der inneren Schlossterrasse mit Ziervasen, spielenden Kinderfiguren und Putten.

Ein Putto als Hofdame, F. Tietz, (Nr. 48)

Als Material für die Veitshöchheimer Gartenplastiken diente in der Regel der leicht zu bearbeitende, daher auch sehr empfindliche graugrüne Keupersandstein aus den Brüchen bei Abtswind in Unterfranken. Was die farbige Fassung betrifft, so schloss sich hier der Klassizismus dem Rokoko an. Die ältere Ausstattung war meist in Weiß und Gold, teilweise aber auch in bunten Farben – in Leinöl gelöst – gehalten. So hatte Seinsheim am 16. Mai 1768 gewünscht, »die ... auf dem Theater stehenden Statuen auf Parcellain-Arth ... mahlen zu lassen«. Die von Tietz für Komödienfiguren gefertigten Holzmodelle legen die Annahme nahe, dass der Fürstbischof eine durch starken Lackauftrag glasurartig wirkende, polychrome Kolorierung gefordert hat. Als betont farbige Akzente waren ferner die bunt herausgeputzten Pavillons und Chinesischen Häuschen behandelt.

Auch über dem künstlichen Riff des Parnass hatte man durch Inkrustationen einen farbigen Schimmer gebreitet. Diese Farbigkeit führte Materno Bossi in den Siebzigerjahren bei seinem Pavillon im Lindensaal, bei der Kaskade und beim Belvederebau weiter. Die Figuren hielt Wagner einfarbig, doch spielten auch hier – aus wiederholten Rechnungseinträgen zu schließen – die Teilvergoldungen eine wichtige Rolle. Die Fassung diente neben dem künstlerischen Zweck auch dem Schutz des Steins vor Verwitterung. Gegenwärtig stehen im Garten ca. 320 Figurengruppen, Einzelstatuen, Tierskulpturen, Zierstücke und Steinbänke. Wegen des fortschreitenden Verfalls wurden die Skulpturen seit Anfang des 20. Jahrhunderts durch Bildhauerkopien, in den letzten Jahrzehnten durch Abgüsse in Kunststein ersetzt. Die schönsten geborgenen Originale sind als Leihgabe im Mainfränkischen Museum Würzburg ausgestellt.

Die Muse Melpomene auf der südlichen Futtermauer der Schlossterrasse

Zur Charakteristik des Rokokogartens

Vorhergehende
Doppelseite:
Südlicher India-
nischer Pavillon
in der Irrgarten-
zone (Nr. 55)

Obwohl seine Wurzeln weiter zurückgreifen, fällt die letzte große Umgestaltung des Veitshöchheimer Hofgartens
zweifelsohne in die Epoche des Rokoko, also in die Spät-
phase des formalen bzw. architektonischen Gartens.

Das Rokoko ist ursprünglich ein Dekorationsstil der post-
oder spätbarocken Innenraumausstattung des 18. Jahrhunderts. Das begriffs- und stilprägende Dekorelement ist
die »rocaille«, ein asymmetrisches, schnörkel- oder mu-
schelartiges Ornament. Der nach diesem Motiv benannte
»style rocaille« verbreitete sich zwischen 1730 und 1780,
von Frankreich ausgehend, in ganz Europa. Mit ihm beginnt sich die Strenge der barocken Geometrie aufzulösen,
bislang gerade geführte Linien fangen an zu schwingen,
Formen und Umrisse des Dekors werden bewegter, ge-
winnen an Dynamik und Verspieltheit. Im Rokoko wird
die »bewegte Schönheit« zum Ideal.

Auch die Gartenkunst blieb von den Entwicklungen des
Rokoko nicht unbeeinflusst und bildete eine eigene, vom
klassischen französischen Garten abweichende Charakte-
ristik aus. Für die Rokokogärten im deutschsprachigen
Raum waren in erster Linie französische Einflüsse von Bedeutung. Im Gegensatz zu den großen barocken Gartenanlagen, die dem herrschaftlichen Anspruch auf würde-
volle Repräsentation Rechnung getragen hatten, sollten
die Gärten des Rokoko dem gestiegenen Bedürfnis nach
Privatheit, Intimität und Abgeschiedenheit dienen und
vom Charakter her eher heiter, anmutig und abwechs-
lungsreich gestaltet sein. Vor diesem Hintergrund liegt es
nahe, dass Gartenanlagen im Stil des Rokoko vor allem in
den kleineren Neben- und Sommerresidenzen oder im

Umfeld abgelegener kleiner Lustschlösser innerhalb der großen Parkanlagen der Hauptresidenzen realisiert wurden. Die Gärten des Rokoko behalten jedoch, wie die klassischen französischen bzw. barocken Gartenanlagen, einen formalen, d.h. architektonischen Charakter und nutzen vielfach die in Renaissance und Barock entwickelte geometrische Formensprache weiter.

Während die großen barocken Anlagen, mit ihren weit in die umgebende Landschaft ausgreifenden Alleen, stark nach außen orientiert waren, ziehen sich die kleineren Rokokoanlagen zunehmend in sich zurück und schirmen sich durch Mauern, hohe Hecken und Zäune von der Umgebung ab. Auch innerhalb der Gärten lenken hohe Holzlattenarchitekturen (Treillagen), Hecken und Baumwände das Hauptaugenmerk auf die Binnenräume des Gartens. Mit der Separierung und der Orientierung nach innen wird das zeittypische Bedürfnis des Rokoko nach Intimität und Abgrenzung bedient. Aus den abgeschlossenen Räumen werden immer wieder über gefasste Ausblicke und fensterartige Öffnungen entfernte Punkte ins Blickfeld gerückt, ohne jedoch den direkten Weg dorthin zu ermöglichen. Diese Form des räumlichen Erlebens lässt das Gefühl des Ein- bzw. Abgeschlossenseins fühlbar werden.

Rocaille (franz.): das aus Muschelformen entwickelte asymmetrische Grundmotiv der Ornamentik des Rokoko

Vergleicht man die konzeptionellen Ideen, die Grundrisse und einzelnen Ausstattungselemente barocker Gärten mit denen des Rokoko, so lassen sich einige charakteristische Unterschiede feststellen. Einer der Unterschiede ist, wie bereits erwähnt, die Größe der Gartenanlagen. Die Rokokogärten haben meist eine geringere Größe als die barocken Anlagen, und die Gartengrundrisse sind viel stärker untergliedert und unübersichtlicher.

Die zentrale Hauptachse, ein signifikantes Merkmal barocker Gärten, fehlt im Rokoko oftmals. Sie wird durch

mehrere, vielfach gleichrangige Achsen ersetzt, entlang derer sich der ganze Garten entwickelt. Zugunsten kleinteiliger, aneinandergereihter Strukturen und Themen wird auf ein alles beherrschendes Generalthema verzichtet. Der Garten wird zu einer additiven Abfolge von Kammern und Räumen, ohne dass diese hierarchisch oder thematisch aufeinander bezogen sein müssen.

Da die einzelnen Gartenkompartimente bzw. Gartenräume der Rokokogärten oft sehr klein ausfallen, müssen auch ihre Ausstattungselemente filigran und fein ausgebildet werden, d.h. die Kleinteiligkeit der Gartenräume führt unweigerlich zu einer weiteren Differenzierung der Ausstattungselemente, da diese in ihrem Umfeld wohlproportioniert und ästhetisch ansprechend wirken müssen. Die vielen zumeist üppig ausgestatteten Gartenräume kommen darüber hinaus dem Verlangen des Rokoko nach Vielfalt und Abwechslung entgegen. Ihre differenzierte Gestaltung mindert jedoch die Überschaubarkeit weiter Teile des Gartens und hebt partiell dessen Symmetrie auf. In einzelnen Bereichen des Gartens kulminiert diese Entwicklung immer wieder in labyrinthischen Strukturen.

Für die Gärten des Rokoko ist das intensive Spiel mit Licht und Schatten ein weiteres Wesensmerkmal. Insbesondere die diffus belichteten, also weder ganz sonnigen noch ganz schattigen Gartenräume, erfreuen sich in dieser Epoche großer Beliebtheit. Solche Räume werden vor allem durch luftige Gartenpavillons, kletter- oder schlingpflanzenbewachsene Treillagearchitekturen und flach geschnittene Blätterdächer gebildet. Sie bieten bei sonnigem Wetter zwar schattige Aufenthaltsorte, lassen aufgrund ihrer dünnschichtigen, vielfach durchbrochenen Oberflächen aber immer wieder Lichtstrahlen in das Rauminnere vordringen, die lebhafte Lichtreflexe erzeugen und so die strenge Raumform der Lattenarchitektur und des Formschnitts überspielen.

Schlosszone mit Parterre und Küchengarten, Ausschnitt aus dem Gartenmodell

An die Stelle der imposanten Wasserstrahlen und Fontänen in den großen Wasserbassins und Kaskaden der Barockgärten treten in den Rokokogärten feine Wasserstrahlen, die über den ganzen Garten verteilt aus kleinen Wasserbecken oder Brunnen aufsteigen, aus Quellen hervorsprudeln oder an kleinen Kaskaden über zierliche Stufen und Schalen plätschern. Die schlichten Wasserspiegel der großen barocken Becken werden im Rokoko mit einer Vielzahl an Figuren, Springstrahlen und kleinen, über dem Wasser »schwebenden« Häuschen für das Wassergeflügel durchbrochen. Der monumentale, repräsentative Gestus wird auch hier zugunsten einer elegant verspielten, reichen Ausstattung aufgegeben.

Wasserspiel am Parnass mit zahllosen feinen Springstrahlen

Der Skulpturenschmuck der Rokokogärten ist üppiger als im Barock. Das Hauptaugenmerk wendet sich von den großen mythologischen Göttergestalten und Helden der Antike (Apoll, Herkules) hin zu den amourösen Göttergestalten: Venus, Pan und Amor, elegant gekleideten Musen, galant auftretenden oder tanzenden Genrefiguren (Gärtner, Musiker, Sänger, Hofdamen und Kavaliere), Allegorien mit niedlichen Putten und exotischen Fabelwesen. *»Die galante Idylle, welche in der Hierarchie der Gattungen im 17. Jahrhundert eine sehr untergeordnete Rolle gespielt hatte, wird [im Rokoko] zum führenden Genre«* (Bauer 1991, S. 20) – nicht nur in den Bauwerken, sondern auch in der Ausstattung der Gärten.

Angetrieben von dem Bedürfnis nach Abwechslung spielt das Exotische, Fremde und Andersartige im Rokoko eine große Rolle. Dabei ist die genaue Herkunft der stilistischen Einflüsse nicht so wichtig, Hauptsache, die Andersartigkeit wird sichtbar und bereichert den Garten. So finden neben »indianischen«, »chinesischen« und »türkischen« Pavillons und Zelten auch zunehmend fremdländische Pflanzen Eingang in die Gärten. Sie werden besonders gerne im Umfeld der exotischen Archi-

tekturen verwendet. »*Der Garten sollte – der exotischen Architektur entsprechend – auch in gewissem Grade exotisch gestaltet werden.*« (Dennerlein 1981, S. 143). Und um den Charakter des Andersartigen zu unterstreichen, pflanzte man die Exoten in asymmetrischer Annordung und versah die zumeist boskettartigen Gartenpartien mit bizarr geschlängelten oder unregelmäßig-labyrinthischen Wegen. Die Faszination des Exotischen ist nicht erst im Rokoko festzustellen; bereits die höfische Gesellschaft des Barock hatte sie für sich entdeckt. Es handelt sich hier also nicht um ein originäres Stilmerkmal des Rokoko; doch man kann sagen, dass im Zeitalter des Rokoko der Stellenwert des Exotischen deutlich zunimmt.

Das Rokoko spielt mit Kontrasten jeglicher Art und macht sie, im Gegensatz zum Barock, zu einem charakteristischen Motiv der Gestaltung. So folgen verhältnismäßig große Räume unmittelbar auf sehr kleine; breite Alleen und Gänge auf eher schmale; große Wasserflächen auf kleine; sowie helle Gartenräume auf dunkle. Auch der bewusst gestaltete Kontrast und Wechsel zwischen dunklen, engen und lang gestreckten »Wegräumen« und hellen, offenen »Aufenthaltsräumen« und Plätzen prägt die Gartengestaltung im Rokoko. Eine von außen bewusst ärmlich, unscheinbar, abweisend oder ruinös anmutende Staffagearchitektur kann im Inneren reich und kostbar dekoriert und ausgestattet sein. Bauer schreibt in seiner stilgeschichtlichen Analyse des Rokoko über dieses Phänomen: »*Das Rokoko glaubt nicht an die Möglichkeit der Synthese, an eine Vereinbarkeit der Gegensätze, an die zum Beispiel der deutsche Spätbarock leidenschaftlich (...) geglaubt hatte.*« Er nennt dies die dem Rokoko innewohnende »*innere Skepsis*«. Im Gegenteil; das Rokoko scheint die in der Gegensätzlichkeit, im Kontrast liegende Spannung ästhetisch zu genießen und bewusst in Szene zu setzen: »*Das ist [einerseits]*

Nächste Doppelseite: Blick aus dem Schloss über das Parterre und den Heckengarten zum Wasserturm

sein ›Raffinement‹ und [andererseits] seine ›Unmoral‹«
(Bauer 1991, S. 66).

In den Gärten des Rokoko unterstreicht die Aufwertung
des Spielerischen, des Exotischen und des exzentrisch Ar-
tifiziellen sowie nicht zuletzt das Fehlen eines noch im Barock vorhandenen, allgemein verbindlichen Gestaltungs-
kanons das Streben der Epoche nach Individualität und
Originalität.

Blick auf das nördliche Hecken-quartier mit dem rechteckigen Gartenkabinett und den zu Kes-selkronen ge-schnittenen hoch-stämmigen Obst-bäumen

Rundgang durch den Garten

Der Rundgang durch den Garten beginnt auf dem Schloss-parterre in der sogenannten Schlosszone und führt dann in großen Schleifen weiter durch die See-, Laubengang- und Irrgartenzone, die sich von der Mainseite beginnend hang-aufwärts aneinanderreihen. Er endet, nachdem man auch die Östliche Dreieckszone passiert hat, wieder auf dem Schlossparterre.

SCHLOSSZONE (NR. 1–10)

Der unter dem Begriff »Schlosszone« zusammengefasste Gartenteil ist heterogener als die übrigen Gartenzonen. Die Schlosszone besteht zum einen aus dem herausgeho-benen Geviert des Schlossparterres mit der nochmals leicht erhöhten inneren Schlossterrasse und der dazu axi-al ausgerichteten Auffahrtsallee mit dem sogenannten »Fa-sanentor« (Abb. S. 102). Schlossterrasse und Auffahrtsal-lee bilden zusammen den repräsentativen Eingangsbereich des Gartens. Auch die an dieses zentrale Motiv seitlich an-gefügten Nutzgartenbereiche gehören zu dieser ersten Gartenzone. Hierunter fällt der südlich der Zufahrtsallee gelegene Küchengarten sowie das Areal nördlich des Schlosses mit den Resten des ehemaligen Hechtsees und der Obstbaumwiese. Nordwestlich grenzen die ehemali-gen fürstbischöflichen Ökonomiebauten sowie die Dorf-kirche an diesen Bereich des Hofgartens an.

1 SCHLOSSTERRASSE BZW. SCHLOSSPARTERRE: Das ca. 1 Hektar große Schlossparterre liegt auf einer leicht ge-neigten und nahezu quadratischen Fläche von 100 mal 100

Metern. Da das übrige Gelände des Gartens auf der Westseite viel stärker abfällt, hebt sich das Schlossparterre zum
Main hin um eineinhalb Meter über das angrenzende Gar-
tenniveau hinaus. Auf drei Seiten ist das Schlossparterre
durch Futtermauern gefasst, nur auf der Ostseite ist das Parterre ohne Niveauunterschied an
das Gartengelände angebunden.
Die Futtermauern wurden bereits 1702–1703 errichtet. Durch
seinen baulichen und figuralen
Schmuck mit den beiden kleinen, schiefergedeckten achteckigen Treillagepavillons in den
Terrassenecken der Westseite
sowie den Figuren auf der westlichen und südlichen Terrassen-
mauer und den dort mittig ein-
gefügten Treppenanlagen erhält
das Parterre eine deutliche Süd-
West-Ausrichtung.

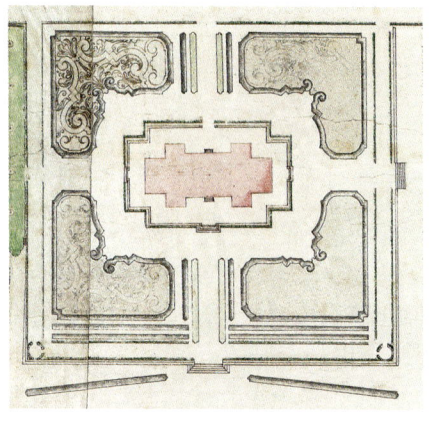

Das Schlosspar-
terre um 1720

Die gärtnerische Ausstattung des Schlossparterres hat mehrere Entwicklungsstufen durchlaufen. Die erste Gartengestaltung zu Beginn des 18. Jahrhunderts sah vier gleichar-
tige, rechtwinklig-abknickende Parterrefelder vor, die die
innere Schlossterrasse umklammerten (Abb. oben). Jedes
Parterre war, wie damals üblich, im Inneren mit Broderien
(Stickereimuster) geschmückt und mit einer rahmenden
Blumenrabatte umgeben. Um die Fläche weiter aufzuwer-
ten, wurden noch in der ersten Hälfte des 18. Jahrhunderts
in den Innenecken der Winkelparterres vier runde Brunnenbecken angelegt (Abb. S. 112). Mit der Erweiterung des
Schlosses um die 1753 von Baltasar Neumann angefügten
Seitenflügel geriet dieses veraltete Gestaltungskonzept mit
den vier gleichrangigen, um das zentrale Schloss gelegenen
Parterres aus dem Gleichgewicht; das Schloss war nun im
Süden und Norden zu dicht an die Parterres gerückt. Zu-

nächst behalf man sich damit, die Parterreflächen an den Engstellen etwas schmäler zu machen und so wieder vom Schloss abzurücken. Nach dem Ende des Siebenjährigen Krieges, 1763, als die ins Stocken geratenen Umbauarbeiten im Garten unter Fürstbischof Adam Friedrich von

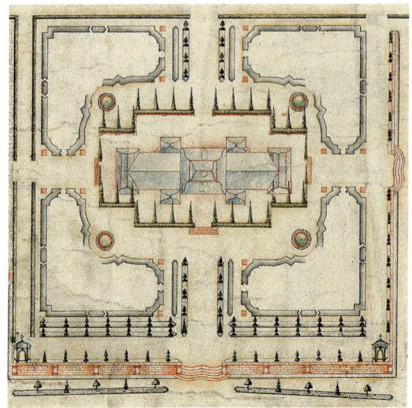

Seinsheim wieder mit Elan aufgenommen werden konnten, verwarf man das alte Konzept gänzlich und schuf ein hierarchisch gestuftes Schlossparterre, das sich im Wesentlichen an dem Gestaltungskanon des klassischen französischen Gartens orientierte (Abb. S. 113).

Zwei große Broderieparterres befanden sich vor der westlichen Hauptschauseite des Schlosses, acht schmälere Broderieparterres um die vier Brunnenbecken auf

Das Schlosspar-terre um 1760

der Nord- und Südseite der Schlossterrasse und zwei kleine englische Rasenparterres hinter dem Schloss. Die 32 Formbäumchen, die bis dahin die innere Schlossterrasse eingerahmt hatten, wurden durch eine steinerne Balustrade ersetzt. 14 dieser Formbäumchen wurden genutzt, um die Ost-West-Achse als Haupt- und Symmetrieachse zu rahmen und damit das Motiv der Auffahrtsallee in abgewandelter Form auf dem Schlossparterre fortzusetzen. Aus den vier großen Parterrefeldern waren nun 12 hierarchisch abgestufte Parterres entstanden. Die punktsymmetrische, auf das Zentrum des Schlosses ausgerichtete Gestaltung war durch eine achsensymmetrische Ordnung abgelöst worden. Die vier Brunnenbecken wanderten in die Achse der Schmalseiten. Ihr einfacher kreisrunder Grundriss wurde in eine kompliziertere, gestreckte Form abgewandelt, die das Motiv des Großen Sees in kleinerem Format wieder aufgreift. Die Brunnenbecken und die Parterregliederung sind seither nicht mehr wesentlich verändert worden. Die Broderiemuster der Parterres und ihre rahmenden Blumenrabatten verschwanden schon bald nach Seinsheims Tod. Sie wurden durch einfache Rasenflächen ersetzt. Die im 19. Jahrhundert im gesamten Schlossparterre angepflanzten Gehölze wurden nach 1928 Stück für Stück wieder entfernt. Die Korkenzieherakazie im Nordwesten des Parterres und die beiden Magnolien auf der Rückseite des Schlosses sind die letzten Zeugnisse des 19. Jahrhunderts, als man das flache Schlossparterre als zu monoton empfand und nach und nach mit den unterschiedlichsten Gehölzen bepflanzte (Ziersträucher, Obstbäume, Solitärbäume). Das historische Foto

*Das Schlosspar-
terre um 1780*

um 1900 (Abb. S. 41) gibt hiervon einen Eindruck. Zwischen 2003 und 2005 musste das Schlossparterre umfassend saniert werden. Dabei konnten nicht nur die erosionsbedingten Niveauveränderungen rückgängig gemacht werden, sondern auch die Umrisse der Parterrefelder korrigiert, die rahmenden Blumenrabatten wieder neu angelegt und die ehemals vorhandenen Formbäumchen in vielfacher Gestalt neu angepflanzt werden. Auch die vier Brunnenbecken wurden im Zuge dieser großen Baumaßnahme repariert. Heute zeigt das Schlossparterre wieder die Gliederung des ausgehenden 18. Jahrhunderts mit den hochwertigen Broderieparterres auf der Nord-, West- und Südseite und den beiden untergeordneten einfachen Rasenparterres ohne zierenden Blumenschmuck auf der Rückseite des Schlosses. Bei der Rekonstruktion der ehemaligen Broderieparterres wurde auf die Wiederherstellung der Broderieflächen bewusst

113

verzichtet, um die Gesamtheit des Gartens im Hinblick auf die Detailliertheit einzelner Gartenpartien im Gleichgewicht zu halten.

Vom Parterre aus geht man durch einen kleinen Durchlass in der Heckenwand, die das Parterre nach Norden hin abschließt, und gelangt auf einen schmalen Weg in die nördlich des Schlosses gelegene Obstwiese. An der Wegekreuzung biegt man nach links ab und geht die Wiese hinunter auf die Gebäude der ehemaligen Ökonomie zu. Links führt, an der nördlichen Futtermauer angelehnt, eine kleine »Dienstbotentreppe« vom Schlossparterre hinab. Dies war die kürzeste Verbindung vom Schloss zur ehemaligen Hofküche (Nr. 3).

2 BEREICH NÖRDLICH DES SCHLOSSES: Die nördliche Hofgartenmauer wurde 1970 neu errichtet, als man das dahinterliegende Gelände des Hofgartens (6 500 m²) an die Gemeinde Veitshöchheim verkauft hatte. Nach dem Verkauf wurde das beim Hofgarten verbliebene Restgelände neu gestaltet. Heute befindet sich hier, durch eine hohe Heckenwand vom Schlossparterre abgetrennt, eine Wiese, auf der rasterförmig Obstbäume stehen. Sämtliche hier aufgepflanzten Obstbäume wurden mit Sorten veredelt, die schon im 18. Jahrhundert bekannt waren. Die Wiese wird durch zwei sich kreuzförmig schneidende schmale Fußwege erschlossen. Auf dem unteren, ebenen Gelände ragen die Mauern des ehemaligen Hechtsees über die Rasenfläche hinaus. Die Mauern wurden auf ergrabenen originalen Fundamenten und Mauerresten neu aufgeführt. Im Jahre 2006 erhielt dieses Areal auch wieder die ursprüngliche Bodenmodellierung und die Flächengliederung des späten 18. Jahrhunderts. An der 1970 neu gezogenen Gartengrenze enden heute alle wiederhergestellten historischen Wegeverbindungen, Mauern und Gartenelemente recht unvermittelt. Auf diese Weise soll den Besu-

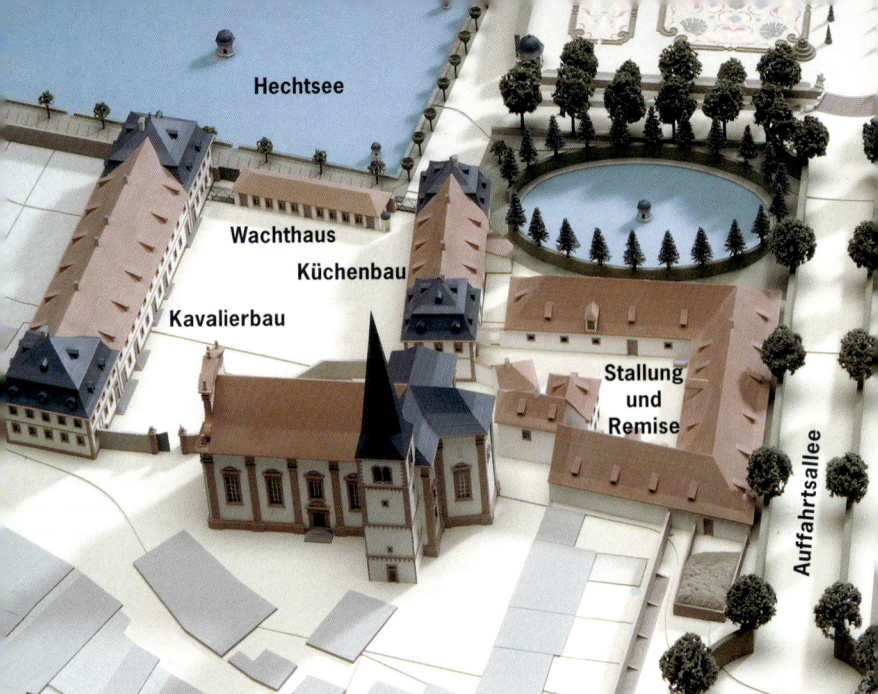

Hechtsee

Wachthaus

Küchenbau

Kavalierbau

Stallung und Remise

Auffahrtsallee

chern verdeutlicht werden, dass der Garten ursprünglich jenseits der Mauer weiter reichte.

3 EHEMALIGE ÖKONOMIE: Westlich des ehemaligen Hechtsees grenzt die ehemalige fürstbischöfliche Ökonomie an den Hofgarten. Unmittelbar links neben dem gewölbten Durchgang zum Hofgarten liegt die 1749 erbaute Hofküche, die heute als Hotel und Gaststätte genutzt wird (Ratskeller). Gegenüber liegt das ehemalige Kavaliergebäude, 1748 auf dem Grund eines alten Schlösschens der Echter errichtet. Das Kavaliergebäude und seine Nachbarbauten wurden ab 1902 von der Bayerischen Landesanstalt für Weinbau und Gartenbau genutzt. Nachdem die historischen Gebäude den stetig steigenden Raumbedarf dieser Ausbildungseinrichtung nicht mehr decken konnten, wurde die Landesanstalt

Blick auf die Kirche St. Veit und die ehemalige Ökonomie mit Kavalierbau, Küchenbau, Wachthaus, Stallungen, Remise, Waschhaus und Büttnerhaus, Zustand um 1780, Gartenmodell

1968 an den Ortsrand von Veitshöchheim verlagert; seither ist im Kavalierbau die Gemeideverwaltung Veitshöchheim untergebracht.

Das ursprünglich eingeschossige kleine Wachtgebäude, das den Hof zwischen Küchen- und Kavalierbau zum Hofgarten hin trennte, wurde zwischen 1922 und 1924 abgerissen und durch ein wesentlich mächtigeres, zweigeschossiges Verbindungsgebäude ersetzt, das zunächst von der Landesanstalt genutzt wurde und heute zur Unterbringung der Frühförderstelle der Stadt Würzburg dient. Bestand zu Zeiten des alten Wachthauses mit den seitlichen Gittertoren noch eine enge Verzahnung des Ökonomiehofes mit dem Hofgarten, so führte der mächtige Neubau, mit dem die Lücke zwischen Kavalierbau und Hofküche komplett geschlossen wurde, zu einer optischen Trennung beider Teile. Auf der Dorfseite wurde der Innenhof der Ökonomie schon immer durch die Dorfkirche und eine hohe Mauer begrenzt. Die hinter der Hofküche gelegene Stallung, die Remise, Waschküche und das Büttnerhaus (Büttner: alte Berufsbezeichnung für Handwerker, die Gefäße aus Holz herstellen) wurden 1749 von Balthasar Neumann auf den Resten eines abgetragenen Wasserschlösschens errichtet, das ursprünglich dem Adelsgeschlecht der Reinstein gehörte. Diese Gebäude wurden 1972 abgerissen und bis 1975 durch den Neubau eines katholischen Gemeindezentrums (Sozialstation, Haus der Begegnung, Seniorentagesstätte) ersetzt. Alle Gebäude und Einrichtungen des Ökonomiehofes dienten ursprünglich dazu, den Fürstbischof und den ihn begleitenden Hofstaat samt der Fuhrwerke und Pferde während der kurzen Sommeraufenthalte angemessen versorgen und unterbringen zu können.

Man biegt unterhalb des kleinen Pavillons an der Nordwestecke der Schlossterrasse nach Süden ab und geht die westliche Futtermauer entlang.

4 WESTLICHE FUTTERMAUER DER SCHLOSSTERRASSE:
Musen und olympische Götter werden durch den Figurenschmuck repräsentiert. Das Thema des Musenhains
tritt also bereits hier auf. 1752 wurde der Zyklus auf der
westlichen und südlichen Futtermauer bei dem würzburgischen Hofbildhauer Johann Wolfgang van der Auvera
in Auftrag gegeben. Man nimmt an, dass einzelne Götter
erst nach dem Tod des Johann Wolfgang 1756 von seinem Bruder Lucas van der Auvera und von Johann Peter
Wagner gefertigt wurden. Dieser Wechsel sowie spätere
Verluste dürften die Ursache sein, dass die ursprünglich
vorgesehene Reihe nicht vollständig ist. Die Figuren
standen zunächst beiderseits der Schlosszugänge im Parterre. Erst Seinsheim ließ sie 1768 auf der westlichen und
südlichen Futtermauer aufstellen. Im Vergleich zur Gartenplastik des Ferdinand Tietz ist hier noch eine monumentale, barocke Auffassung von Musen und Göttern
wirksam.

Auf der westlichen Futtermauer der Schlossterrasse stehen nacheinander von Norden nach Süden betrachtet:

MERKUR: Der Gott der Kaufleute und des guten Haushalts
mit Flügelhelm und Geldsack.
VENUS: Die Schönheits- und Liebesgöttin mit Blumenkorb und Amorknaben.
URANIA: Die Muse der Astronomie mit Himmelsglobus.
MINERVA: Die wehrhafte Tochter Jupiters und Göttin des
Hausfleißes mit Helm.

Jenseits der Treppenanlage (Nr. 7):

APOLLO: Der Gott des Lichtes und der Künste.
KLIO: Die Muse der Geschichtsschreibung, die auf einer
Sphinx steht und sich an eine Herme lehnt.
ERATO: Die Muse der Liebeslyrik mit Gambe.

KALLIOPE: Die Muse der epischen Dichtung, ursprünglich mit einer Schriftrolle in der linken Hand. Zu ihren Füßen ein Hund.

5 SÜDLICHE FUTTERMAUER DER SCHLOSSTERRASSE:

Der Zyklus setzt sich auf der südlichen Futtermauer der Schlossterrasse fort. Hier stehen von Westen nach Osten betrachtet folgende Figuren:

ZIERVASE: von 1768, vermutlich von Johann Peter Wagner.
POLYHYMNIA: Die Muse der ernsten Musik, mit Taktstock. Sie bildet den nördlichen Abschluss der langen Blickachse durch die Laubengangzone (siehe Nr. 36).
ZIERVASE: von 1768, vermutlich von

Blick von Norden auf die südliche Futtermauer; im Vordergrund Proserpina, F. Tietz (Nr. 5)

Johann Peter Wagner.
MELPOMENE: Die Muse der tragischen Dichtkunst, mit Helm (Abb. S. 97).

Jenseits der Treppenanlage (Nr. 6):

ARETHUSA: Die Muse der Natur- und Hirtenpoesie mit Schäferhut und Blumen im aufgerafften Gewand (Abb. S. 95).
EUTERPE: Die Muse der lyrischen Dichtung mit Flöte.
ZIERVASE: von 1768, vermutlich von Johann Peter Wagner.
PROSERPINA: Die Göttin der Unterwelt, mit Weltkugel. In ihrer Linken hielt sie ursprünglich wohl ein Zepter oder eine Fackel.

Auf dem Rückweg zur Auffahrtsallee wendet man sich den beiden Treppenanlagen zu, die zur Schlossterrasse hinaufführen:

118

6 SÜDLICHE TREPPENANLAGE ZUR SCHLOSSTERRASSE:
Die Treppenwangen werden oben durch Sphingen, mittig
durch Muschel- und Blumenornamente und unten durch
Wildschweinköpfe mit Hifthörnern geziert. Mit der unteren Dekoration wird auf das Wappentier der Seinsheim,
zugleich aber auch auf Veitshöch-
heim als Jagdsitz der Fürstbischöfe
Bezug genommen. Die Sphingen
sind an sich Wächterfiguren; als mo-
disch kostümierte und frisierte Damen wirken sie hier jedoch eher ver-
lockend als abweisend. Charakteristische Werke von Tietz, 1768.

7 WESTLICHE TREPPENANLAGE
ZUR SCHLOSSTERRASSE: (Abb. S.
48/49) Die seitlichen Treppenwangen
zeigen geflügelte Drachen. Am Fuß
der Wangen stehen in Stein gehauene

*Wildschweinkopf
am Fuß der
Wange der süd-
lichen Treppen-
anlage zur
Schlossterrasse,
F. Tietz (Nr. 6)*

Flechtkörbe mit Melonen und Blumen. Oben wird die Treppe durch wappenhaltende Löwen flankiert. Auf der linken
(nördlichen) Seite sieht man die Wappen der Hochstifte
Würzburg und Bamberg sowie als Herzschild das Seinsheim'sche Wappen mit dem springenden Eber; auf der Kar-
tusche rechts finden sich die Initialien A und F für Adam
Friedrich von Seinsheim, den Auftraggeber der letzten großen Umgestaltung des Veitshöchheimer Hofgartens. Die
Kaiserkrone über beiden Schilden weist auf das von Heinrich II. gestiftete kaiserliche Hochstift Bamberg, dessen Bi-
schofsstuhl Seinsheim seit 1757 neben dem Würzburger (seit
1755) einnahm. Sämtliche Bildhauerarbeiten stammen von
Tietz, 1767–1768. Die Majestät und Macht des Hausherrn
sowie die Funktion Veitshöchheims als frucht- und blüten-
reicher Lustgarten, der den Würzburger Hof auch mit exoti-
schem bzw. hochwertigem Obst und Gemüse zu versorgen
hatte, klingen in diesem steingewordenen Zierwerk an.

119

Man kehrt der westlichen Treppenanlage den Rücken zu und geht die Auffahrtsallee (Nr. 8) zum Fasanentor (Nr. 9) hinunter.

8 **AUFFAHRTSALLEE:** Die Auffahrt bis zum Schlossparterre gliedert sich in drei Teile: in ein Rondell im Westen, unmittelbar am Fasanentor, in ein Halbrund vor der Westtreppe zur Schlossterrasse sowie in eine verbindende Lindenallee. Die platzartigen Aufweitungen an den beiden Enden der Auffahrtsallee dienten ursprünglich zur Umkehr der in den Garten einfahrenden Wagen. Mit den Aufweitungen werden gleichzeitig die Kreuzungspunkte der Auffahrtsallee mit zwei wichtigen Längsachsen betont und diese an die Schlosszone angebunden. Am halben Rondell vor der Westtreppe sind vier Steinbänke mit Rocailledekoration aufgestellt; Arbeiten aus der Tietz-Werkstatt, 1767–1768. Die Allee besteht aus hoch aufgeasteten Linden mit frei wachsenden Kronen. Unterhalb der Kronen sind die Bäume mit einer hohen Hecke verbunden, sodass die Stämme im dichten Laubwerk der Heckenwände verschwinden. Die Kombination von Hecke und darüber hinweggeführter Allee ist typisch für die Gärten des Rokoko und taucht als Gestaltungselement im Veitshöchheimer Garten immer wieder auf. Auch die rondellartigen Aufweitungen an den Enden der Auffahrtsallee sind in dieser Art gefasst. Als räumliches Gegenüber der westlichen Schlossterrassenmauer stehen ebenfalls baumüberstandene Hecken. Die Hecken sind hier, in Analogie zu den gegenüberliegenden Futtermauern, jedoch niedriger als in der Auffahrtsallee. Unmittelbar hinter diesen letztgenannten Heckenstücken lagen ursprünglich zwei ovale Seen; auf der Nordseite der Karpfensee und auf der Südseite der sogenannte Küchensee. Beide Seen dienten ehemals, wie die Namen bereits nahelegen, der Fischzucht und damit der Versorgung des Würzburger Hofes. Sie wurden allerdings schon 1810,

Die beiden Schweizer Wächterfiguren, J. W. van der Auvera (Nr. 9)

in der Regierungszeit der Großherzogs Ferdinand von Toskana (reg. 1806–1814), verfüllt.

9 FASANENTOR UND EINGANGSRONDELL: Im heckenumsäumten Rondell beim Fasanentor erscheint auf der Nordseite die überlebensgroße Gestalt der an den Felsen geschmiedeten Andromeda, der äthiopischen Königstochter, die nach der antiken Sage zur Befreiung ihres Landes einem Seeungeheuer geopfert werden sollte, von Perseus jedoch erlöst wurde; eine Arbeit der Tietz-Werkstatt, 1767–1768. Beim Eingang auf der Westeite des Rondells stehen die Figuren zweier Wache haltender »Schweizer« in der Tracht des 17. Jahrhunderts, noch vom Bildhauer Johann Wolfgang van der Auvera, also vor 1756 gefertigt. Das in der südlichen Umfassungsmauer eingefügte Haupt- oder Fasanentor weist mit seinem Namen noch auf die Fasanerie hin, die lange Zeit im Hofgarten untergebracht war. Das Tor trägt außen das Wappen des Erbauers, des Fürstbischofs Johann Philipp von Greiffenclau (reg. 1699–1719), und die Jahreszahl 1702.

Biegt man vom Rondell am Fasanentor in die nach Süden abgehende Randallee ab, so erreicht man nach wenigen Metern auf der linken Seite den Zugang zum Küchengarten.

10 KÜCHENGARTEN: Die Küchengärten innerhalb der Hofgärten, genauer gesagt: das dort gezogene Gemüse und Obst, lieferten schon immer einen wichtigen Beitrag zur Versorgung der herrschaftlichen Höfe. Besondere Sorgfalt verwendeten die fürstlichen Hofgärtner auf eine gute Qualität der angebauten Früchte. Extravagantes, kostbares Gemüse wie Spargel, Artischocken und Auberginen oder süßes und schön ausgefärbtes Tafelobst wie beispielsweise Pfirsiche, Birnen und Melonen waren im 18. Jahrhundert besonders begehrt.

Blick auf den östlichen Teil des Küchengartens, der 1997/98 wiederhergestellt wurde

Schon der erste bekannte Gartenplan für Veitshöchheim zeigt, dass das Areal des Küchengartens von Beginn an zum Gemüseanbau genutzt wurde. An dieser Nutzung und auch an der Aufteilung der sechs Gemüsebeete hatte man dann bis in die Mitte des 20. Jahrhunderts festgehalten. Lediglich der Küchensee wurde relativ bald nach der Säkularisierung aufgegeben und zugeschüttet. Erst als gegen Ende der 1950er-Jahre der Bayerischen Schlösserverwaltung die Verantwortung für die Pflege des Hofgartens übertragen wurde, stellte man die Nutzpflanzenkultur im Hofgarten endgültig ein. 1960 erfolgte dann die Umgestaltung des Küchengartens in einen Ziergartenbereich. Im Sinne der damals praktizierten »schöpferischen« Denkmalpflege fügte man aus anderen Bereichen des Gartens entlehnte Zierelemente zu einer neuen Gestaltung zusammen. So entstanden im Küchengarten in Analogie zur

Irrgartenzone ein um 90 Grad gedrehter zweiter Lindensaal und ein neues achteckiges Heckenkabinett mit zentra-
lem Rasenplatz. Diese Neuanlage befand sich Ende der
1980er-Jahre in einem unbefriedigenden Zustand und be-
durfte dringend einer Sanierung. Nach eingehenden Vor-
untersuchungen fiel dann die Ent-
scheidung, den ehemaligen Küchengarten, der von ca. 1720 bis
1960 diesen Gartenbereich ununterbrochen geprägt hatte, auf
den alten Grundrissen wieder einzurichten und dort auch erneut Gemüse und Küchenkräuter anzu-
bauen. Den Besuchern soll so vor
Augen geführt werden, dass der
Rokokogarten Veitshöchheim nie
ein reiner Ziergarten gewesen ist,
sondern von Beginn an auch der
Versorgung des Hofes diente.
Neben dem Küchengarten wurden

*Blick in den
frisch bepflanz-
ten Küchengar-
ten*

ursprünglich selbst die Bosketts der Seezone zum Anbau
von Obst und Gemüse genutzt (vgl. Plan S. 20/21).
1997 begannen die Arbeiten zur Wiederherstellung des
Küchengartens. In einer ersten Ausbaustufe wurde der
mittlere Teil des Küchengartens rekonstruiert. Seit 1998
werden die vier Beetflächen wieder mit Gemüse, Salat sowie Gewürz- und Heilkräutern bepflanzt. Ab 2011 soll
auch der westliche Abschnitt des Küchengartens, auf dem
sich derzeit noch der Lindensaal befindet, wiederhergestellt werden.
Über eine geschnittene Fichtenallee hinweg grenzte der
Küchengarten nach Süden hin an die Seezone. Die Stämme der Fichten waren im unteren Bereich durch eine hüft-
bis brusthohe Hecke verbunden. Die zusammengewachse-
nen Kronen der Fichten wurden blockförmig geschnitten
(Abb. S. 102). Schon in der ersten Hälfte des 19. Jahrhun-

derts waren die Fichten durch Obstbäume ersetzt worden, doch die letzte Fichte fiel wohl erst zu Beginn des 20. Jahrhunderts. Der Veitshöchheimer Pfarrer Georg Karch schreibt bereits 1866: »*Ein Greis (...) sagte, daß hier einst nicht viel zu erzielen war. Denn wo jetzt die Obstallee sich hinaufzieht, standen hohe Fichten und bedeckten Alles mit Schatten.*« Heute ist der Wegeabschnitt zwischen Küchengarten und der nördlichen Grenze der Seezone durch eine einfache brusthohe Hecke eingefasst.

Man verlässt den Küchengarten auf der Südseite, quert den ursprünglich mit der geschnittenen Fichtenallee eingefassten Weg und gelangt so in den nördlichen Teil der Mittelachse, die die Seezone auf ihrer gesamten Länge durchschneidet. Der Blick ist zunächst auf den mitten aus einer Wasserfläche aufragenden Parnass gerichtet, doch schon nach etwa 20 Metern biegt man rechts in das seitlich gelegene Heckenquartier ab. Nun wird der Blick auf einen kleinen Brunnen gelenkt, der in den Sommermonaten durch sein filigranes Wasserspiel bezaubert. Erst in den 1760er-Jahren angelegt, waren die Wege dieses Gartenteils ursprünglich durch brusthohe und kunstvoll gestaltete Obstspalierzäune eingefasst, während im Inneren der Felder Gemüse gezogen wurde. Heute sind die Zäune durch Hecken ersetzt und in den Quartieren werden Blumen, ein wenig Gemüse und Gehölze kultiviert.

SEEZONE (NR. 11 – 34)

Die über 330 Meter lange und etwa 110 Meter breite Seezone gliedert sich in drei Teile, die jeweils in Quer- und Längsrichtung symmetrisch aufgebaut sind. Im Norden liegt das zweigeteilte Heckenquartier, dessen Y-förmige Wegegabelungen durch zwei kleine vierpassförmige Brunnenbecken betont sind. Im Zentrum der Seezone liegt der Große See. Das den See unmittelbar umgebende Gartenareal bil-

det den mittleren Teil der Seezone und ist durch zahlreiche Stichwege in zwölf heckenumsäumte Quartiere unterteilt, die innen mit Obstbäumen besetzt sind. Gegen Ende des 18. Jahrhunderts wurde auch diese Fläche unter den hochstämmigen Obstbäumen zum Anbau von Gemüse genutzt. Heute stehen die Obstbäume in Rasen und Wiesenflächen. Im Süden befindet sich schließlich der dritte Teil der Seezone mit dem Kleinen See und vier spiegelsymmetrisch angelegten Heckenquartieren an dessen Schmalseiten.

An dem Brunnen mit dem filigranen Wasserspiel folgt man dem links abknickenden Weg und gelangt wieder auf die westliche Randallee, auf der es nun weiter nach Süden geht. Nach etwa 60 Metern zeigt sich in einer Heckennische auf der rechten Seite eine monumentale Ziervase. Sie stammt aus der Werkstatt des Johann Wolfgang van der Auvera (um 1755) und bildet den Abschluss einer unterge-

Kleiner See mit dem zentralen Wasserspiel, das auf einer kreisrunden Insel liegt; im Hintergrund eine der vier großen Platanen, die die Ecken des Sees betonen

ordneten Querachse, die den Garten auf ganzer Breite von Osten nach Westen durchzieht. Man folgt dem Weg weiter in Richtung Süden und erreicht kurze Zeit später die breite Hauptquerachse des südlichen Gartenteils. Sie beginnt an der östlichen Hangoberseite, dort, wo ursprünglich die

Kaskade stand, und durchschneidet mittig von Osten nach Westen nacheinander die Östliche Dreieckszone, die Irrgartenzone, die Laubengangzone und schließlich auch die Seezone. Heute endet diese Achse am westlichen Gittertor der Umfassungsmauer. Ursprünglich verlief sie jedoch über den Garten hinaus auf den in nur 200 Metern Entfernung vorbeifließenden Main zu. Die Sicht auf den breiten Fluss ist aufgrund der angrenzenden Bebauung heute nicht mehr möglich.

Die Tiergruppen am westlichen Gittertor: Löwe schlägt Jagdhund und ...

11 **WESTLICHES GITTERTOR:** Die Toranlage wurde 1702 errichtet. Die Vasen auf den bossierten Pfeilern stammen aus der Werkstatt des Johann Wolfgang van der Auvera, um 1755. In den seitlichen Nischen des Platzes stehen zwei Jagdgruppen von ca. 1710. Es handelt sich hierbei um die ältesten Skulpturen des Gartens, die Jakob van der Auvera, dem Vater des Johann Wolfgang, zugeschrieben werden: Löwe schlägt Jagdhund (Nordseite); Wildschwein kämpft mit Jagdhunden (Südseite).

Vom Platz vor dem westlichen Gittertor nähert man sich nun, den Parnass vor Augen, dem Großen See.

12 **GROSSER SEE:** Der Große See, vermutlich von Antonio Petrini entworfen und 1702–1703 angelegt, ist in der Form eines länglichen Rechtecks mit eingezogenen Ecken gestaltet, dem auf allen vier Seiten halbkreis- bzw. segmentbogenförmige Ausbuchtungen angefügt sind. Auf der nördlichen, westlichen und südlichen Seite führen drei Treppen zum Wasser, die von plastischen Stillleben flankiert werden: Körbe mit erlegten Enten sowie mit Fischen, Krebsen und Schildkröten. Der von Ferdinand Tietz und seiner Werkstatt 1765–1766 geschaffene Figurenschmuck des Sees und seines Ufers kreist um die von Ovid erzählte antike Sintflutsage, nach der eine neue, von den olympischen Göttern beherrschte Weltordnung von dem aus den Fluten herausragenden Musenberg Parnass ihren Ausgang nahm. Der See wird zur Szenerie eines Schauspiels: Der Parnass triumphiert über die Sintflut. Das Ganze wird durch die Wasserspiele inszeniert und in Bewegung gesetzt.

... Wildschwein kämpft mit Jagdhunden, Jakob van der Auvera zugeschrieben (Nr. 11)

Schon im Sommer 1766 hat Tietz die Anlage vollenden können (Abb. S. 23, 105 und 130/131).

Der Große See zählte schon immer zu den zentralen Punkten des Gartens. Zunächst war er mit einer einfachen Hecke eingefasst, die in gleichmäßigem Abstand zum Beckenrand die Konturen des Sees nachzeichnete. Unter Carl Philipp von Greiffenclau war der See dann mit Fichten umgeben (Abb. S. 14/15). Als im April 1765 heftige Windböen über den Hofgarten hinwegfegten, rissen sie auch einige der Fichten am Großen See um. Fürstbischof Seinsheim berichtet davon in einem Brief vom 14. April 1765 an seinen Bruder: »*Vorgestert haben wir einen ohngemein rauhen und wilden Tag gehabt, der starke Wind hat mir um 1 Uhr nachmittag 7 hohe Baum oder Fichten, welche in Veitshechem um das gro-*

ße Bassin stehen, aus der Wurzel gerissen und umbge-
legt, andere von der Erden sehr losgerissen, daß sie um-
singen [umsinken], somit ich alle diese Baum werde
müssen hinweg reißen und eine andere Decoration um
gedachtes Bassin machen lassen.« Die verbliebenen
Fichten wurden schon bald darauf gefällt und durch eine noch heute vorhandene nischenreiche Heckenwand
ersetzt. Oberhalb der über 2 Meter hohen Hecke zieren
aus den Heckenpflanzen gezogene »grüne« Kugelauf-
sätze die Rahmung des Sees. Für die Ausstattung der
Heckennischen schuf die Bildhauerwerkstatt von Ferdinand Tietz zwischen 1765 und 1767 den Skulpturenschmuck. In symmetrischer Aufstellung sind je vier
Gruppen der Jahreszeiten und Künste sowie ein Zyklus
von acht olympischen Göttern um den See verteilt. Die
Olympier sind hier als Repräsentanten der nach der Sintflut hervorgetretenen kosmischen Weltordnung aufzufassen. Vielleicht sollte außerdem der Sonnengott im
Kreise der Jahreszeiten und der jeweils zugehörigen Pla-
netengötter gefeiert werden. Unter König Ludwig I.
wurde um 1825 der Ufersaum des Sees mit Trauerweiden bepflanzt, von denen einige noch heute existieren.
Damit hatte man die Stimmung der Romantik und ein
charakteristisches Gehölz des Landschaftsgartens in die
Sphäre des Rokokogartens geholt.

13 MUSENBERG PARNASS MIT PEGASUS: Der Parnass
ist ein in Sandstein und künstlicher Felsarchitektur mit
imitierten Pflanzen, Muscheln und Früchten aufgeführtes
Felsmassiv von quadratischem Grundriss. An den Ecken
vier diagonal gestellte Pfeiler, die weit in den See aus-
greifen und Vorsprünge bilden. An ihnen befinden sich
große Masken von Riesen. Im Inneren der Felsengruppe
liegt eine Wassergrotte mit Toren auf den vier Seiten, die
von Quaderketten in rotem Sandstein umrahmt werden.
Über dem östlichen und westlichen Tor wurde je eine ge-

waltige Maskenkonsole angebracht; auf ihnen stehen Apoll und die Muse Homers, Kalliope. Darunter sind die übrigen acht Musen paarweise auf den Vorsprüngen der vier Eckpfeiler angeordnet. Die Bildwerke sind von starker Bewegtheit, teils rhetorisch, teils tänzerisch in der Haltung, um sich in der Fernsicht behaupten zu können. Die Figuren waren weiß, die zu ihnen gehörenden Attribute meist golden gefasst. In der Gewandung der Musen sind modische und antike Motive theaterhaft miteinander verquickt. Die ehemaligen Wasserkünste des Parnass in der Form »*einer um den Felsgipfel aufsteigenden Krone*« (Lamb 1951) ließen das ganze Schauspiel vibrierend erscheinen (Abb. S. 105).

Nach der antiken Sage schlug Pegasus aus dem Felsen den Musenquell, dessen Labung die Dichter zu Gesängen hinriss. Als der nach Abenteuern lechzende Held Bellerophon auf dem geflügelten Pferd den Olymp zu erreichen trachtete, so erzählt Pindar, da habe ihn das Tier, von Jupiter zur Raserei gebracht, abgeworfen und sei allein auf den Götterberg gestürmt. Beide Momente, das Entspringen des Quells und die Entrückung des Pegasus zum Himmel, sind im Bildwerk festgehalten.

Der Pegasus erstrahlte einst in goldener Fassung und ein Glockenspiel erklang, wenn die Wasserspiele in Bewegung waren. Dieses poetische Programm, das von Seinsheim 1762 für die Hauptgruppe des Gartens erwählt worden war, stand mit der Sonnensymbolik des absolutistischen Fürstentums in Zusammenhang.

Der Musenberg Parnass war ehemals von vier Seehunden umgeben. Weiter nördlich und südlich sind zwei Fabeltiere, ein Seepferd und ein Seedrache, angeordnet, die ursprünglich von je vier Delfinen umstellt waren. Die dazugehörigen Düsen für die Springstrahlen sind sämtlich vorhanden, während die acht aus Sandstein gehauenen Delfine, ebenso wie die Seehunde, verloren gegangen sind.

Nächste Doppelseite: Der Große See mit Parnass und den Skulpturen in den Nischen der rahmenden Heckenwand; Skulpturen alle von F. Tietz

Blick von Norden auf den Musenberg Parnass mit dem geflügelten Dichterross Pegasus, F. Tietz (Nr. 13)

FIGUREN AN DER WESTSEITE DES PARNASS:

KALLIOPE: In der Mitte erhöht auf der Maskenkonsole stehend: Kalliope, die Muse der epischen Dichtung; sie deklamiert mit der erhobenen Rechten.

URANIA UND KLIO: Auf dem nordwestlichen Vorsprung (links neben Kalliope): stehend Urania, die Muse der Astronomie, ehemals eine Armillarsphäre in der Linken haltend; sitzend Klio, die Muse der Geschichtsschreibung, mit einer Tafel. Darauf eingraviert das Jahr der Errichtung des Parnass, 1766.

ERATO UND THALIA: Auf dem südwestlichen Vorsprung (rechts neben Kalliope): sitzend Erato, die Muse der Liebeslyrik, die ein lautenähnliches Instrument spielt; stehend Thalia, die Muse der Komödie, mit einem Triangel.

FIGUREN AN DER OSTSEITE DES PARNASS:
APOLLO: In der Mitte erhöht auf der Konsole mit der Maske des Oceanus stehend: der Lichtgott und Musenführer Apollo trägt das Sonnensymbol auf der Brust und spielt auf einer Laute.
MELPOMENE UND EUTERPE: Auf dem südöstlichen Vorsprung (links neben Apoll): sitzend Melpomene, die Muse der tragischen Dichtkunst mit Rose und geöffnetem Buch; stehend Euterpe, die Muse der lyrischen Dichtung und Hirtenpoesie, die auf einer Flöte spielt.
TERPSICHORE UND POLYHYMNIA: Auf dem nordöstlichen Vorsprung (rechts neben Apoll): stehend Terpsichore, die Muse des Tanzes, das Becken schlagend; sitzend Polyhymnia, die Muse des ernsten, instrumental begleiteten Gesangs, eine Gambe spielend.

Venus, F. Tietz (Nr. 14)

Vom westlichen Beckenrand des Großen Sees, in der Hauptquerachse stehend, schlägt man nun in nördlicher Richtung den Uferweg ein, um den See einmal komplett zu umrunden und dabei die in den Heckennischen aufgestellten Figuren zu betrachten. Zwischen den nachfolgend näher beschriebenen Figuren stehen im Wechsel auch 24 Steinbänke mit Rokokoornamentik und 16 Ziervasen mit Blumen und Früchten. Letztere weisen auf den Zier- und Nutzwert dieses Gartens hin.

14 VENUS: Die Liebesgöttin mit einem Taubenpaar, das auf einer Wolke sitzt; eine der anmutigsten Figuren des Zyklus.

Allegorie des Frühlings (links) und des Sommers (rechts) auf der Nordseite des Großen Sees, F. Tietz (Nr. 17/18)

15 HECKENKABINETT MIT ALLEGORIE DER MALEREI: Im nordwestlichen Heckenkabinett befinden sich zwei Putten, von denen einer eine Tafel hält, auf der der andere malt. Unten Palette und Pinsel; der Kopf einer Pansfigur deutete auf Landschaftsmalerei und Mythendarstellung hin.

16 MERKUR: Der Götterbote und der Gott der guten Wirtschaft mit geflügeltem Helm, Sandalen und Heroldstab.

17 ALLEGORIE DES FRÜHLINGS: Stehend die Blumengöttin Flora als Personifikation des Frühlings. Eine schlanke Mädchengestalt von schwärmerisch gestimmter Schönheit. Mit Blumen bekränzt, in freier, antikisch drapierter Körpererscheinung; jedoch keineswegs zeitenthoben, vielmehr durch den großen modischen Strohhut zugleich als Gärtnerin des Rokoko charakterisiert. Ihre festlich gekleidete Begleiterin schaut bewundernd zu ihr auf; sie hält das Hauptattribut dieser Allegorie, einen Korb mit Blumen und Vögeln. Zu Füßen der Stehenden als zweites Attribut ein Bienenkorb. Diese und die drei anderen Allegorien der vier

*Allegorien des
Herbstes (links)
und des Winters
(rechts) auf der
Südseite des
Großen Sees,
F. Tietz,
(Nr. 25/26)*

Jahreszeiten gehören zu den besten Gruppenkompositionen
des Ferdinand Tietz und veranschaulichen gegenüber den
Skulpturen des Parnass die Wendung des Meisters zu einem
noch leichteren und gelösteren Stil.

*Man quert die Längsachse, die die Seezone mittig von
Norden nach Süden durchzieht, und erreicht so die Ostseite des Großen Sees.*

18 ALLEGORIE DES SOMMERS: Auch hier tritt die ste-
hende Frau mit Ähren im Haar als Personifikation auf; es
ist die Göttin Ceres. Daneben bindet ein Bauernmädchen
in alter Tracht eine Garbe. Zu Füßen der Standfigur als
zweites Attribut zwei Kürbisse.

19 JUNO: Königin der olympischen Götter mit Krone und
Zepter. Zu ihren Füßen ein Pfau.

20 HECKENKABINETT MIT ALLEGORIE DER BILDHAUEREI:
Im nordöstlichen Heckenkabinett weisen die Attribute

zweier Putten auf die verschiedenen Sondergebiete der Bildhauerei hin: der Torso auf die figurale Skultpur, der Kopf auf die Porträtplastik, die Medaille auf die Kleinkunst. Im Hintergrund architektonische Staffage.

21 JUPITER: Der bärtige Göttervater mit Blitzbündel, zu seinen Füßen ein Adler.

Man kreuzt die Hauptquerachse des südlichen Hofgartens und blickt ostwärts in das große Rondell der Laubengangzone. Am Uferweg erscheinen nacheinander:

22 MARS: Der Kriegsgott, gerüstet und mit Schwert in der Hand. Am Sockel ein Geschützrohr und Kugeln.

23 HECKENKABINETT MIT ALLEGORIE DER ASTRONOMIE: Im südöstlichen Heckenkabinett stehen zwei Putten mit aufgeschlagenem Atlas und Himmelsglobus. Über der Hintergrundstaffage erscheinen Mond und Sterne.

24 VULKAN: Der Gott der Schmiede mit Harnisch und Amboss.

25 ALLEGORIE DES HERBSTES: Einer mit Weinranken bekränzten Frau, der Göttin des Obstbaus, Pomona, reicht ein bocksfüßiger Faun einen Flechtkorb mit Trauben; dazwischen ein Trauben fressender Widder, das Tier des Bacchus. Das Werk hat mit der Allegorie des Frühlings die schwärmerische Stimmung gemeinsam (Abb. S. 135).

Man kreuzt erneut die Längsachse der Seezone und befindet sich nun wieder auf der Westseite des Großen Sees.

26 ALLEGORIE DES WINTERS: Ein dem Gott Saturn verwandter Alter in Pelzkapuze wärmt sich am Feuerbecken; daneben sitzt eine Jägerin auf dem Kopf eines Wildschweins, einen erlegten Hasen in den Händen (Abb. S. 135).

27 NEPTUN: Der Gott des Meeres, ursprünglich mit dem Dreizack in der Rechten; zu Füßen ein Delfin.

28 **HECKENKABINETT MIT ALLEGORIE DER BAUKUNST:** Im südwestlichen Heckenkabinett befinden sich zwei Putten mit Kapitell, Winkel und Zirkel; auf dem Plan liest man »Baukunst«.

29 **SATURN:** Der Urgott von Zeit und Vergänglichkeit mit der Sense, im Begriff, ein Kind zu verschlingen.

Am Ausgangspunkt des Rundweges um den Großen See angekommen, biegt man wieder in die Randallee ab und geht auf den 21 Meter hohen, weithin sichtbaren Wasserturm zu.

Blick auf den Wasserturm mit Parnass

30 **WASSERTURM:** Bei dem sogenannten »Gelben Turm« handelt es sich um einen Wasserturm mit quadratischem Sockelgeschoss und achteckigem Oberbau. Er ist das Herzstück der Veitshöchheimer Wasserkunst. Die Kanten des Baukörpers sind mit Quaderketten in rotem Sandstein besetzt, die »welsche Haube« ist in Schiefer gedeckt. Der Turm wurde in der ersten Hälfte des 18. Jahrhunderts errichtet. Das große unterschlächtige Wasserrad im Erdgeschoss des Turms wird noch heute durch das Wasser angetrieben, das in einem unterirdischen Kanal vom Großen See in den Main abfließt.

Zwischen 1765 und 1768 waren im gesamten Garten mehrere Hundert Meter bleierne Wasserleitungen gelegt worden. Dies war nötig geworden, weil der Fürstbischof in den Jahren zuvor viele neue Wasserspiele hatte anlegen lassen. Der Wasserturm wurde in diesem Zusammenhang mit einer komplizierten Wasserkunst (Wassertechnik) ausgestattet. Das im Erdgeschoss eingebaute große Wasserrad trieb Druckpumpen an, die Wasser aus einem Sammelbecken ansaugten und es dann über dicke Bleirohre in drei hoch ge-

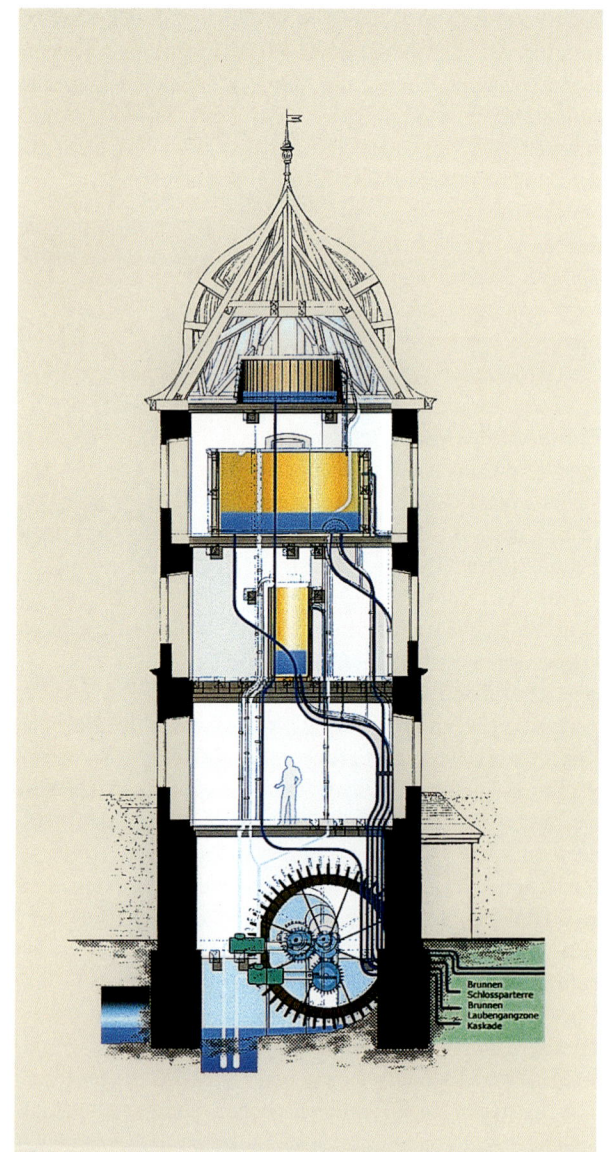

Schnitt durch den Wasserturm mit den Rohrleitungen zur Befüllung der ursprünglich drei Wasserbottiche

Brunnen
Schlossparterre
Brunnen
Laubengangzone
Kaskade

legene große Holzbottiche drückten. Die Bottiche hatten zusammen ein Fassungsvermögen von über 50 Fuder, das entspricht 45 m³. Sobald die Bottiche gefüllt waren, konnte das Wasser über lange Rohrleitungen zu den einzelnen Wasserspielen des Gartens abfließen.

Nach Abschluss der Arbeiten im Wasserturm teilte der Fürstbischof in einem Brief vom 16. Dezember 1767 an seinen Bruder erfreut mit, »*dass in Veithechem mit meiner neuen Maschine die springende Wasser so in gutem Stand seynd, daß sie 2, 3 mal den Tag hindurch 4 Stund in einem Stuck springen können*«. In den 1770-er Jahren wurde die Wasserkunst zur Speisung der neuen Kaskade nochmals erweitert. Damals kam wohl das dritte Reservoir im Dachstuhl des Wasserturms hinzu. Von dort wurden die hoch liegenden Kaskadenbecken mit Wasser versorgt.

Die alten Pumpen des 18. Jahrhunderts sind schon im 19. Jahrhundert durch neuere Pumpen ersetzt worden. Bei der letzten Erneuerung wurde eine moderne Elektropumpe eingebaut, die das Wasser in die Höhe befördert. Im Wasserturm sind zwar noch die alten Bleirohre vorhanden, ihre Aufgabe haben jedoch schon längst neue Eisenrohre übernommen. Von den ursprünglich drei Wasserbottichen existiert nur mehr der mittlere. Er stammt noch aus der Entstehungszeit (1767) und trägt nach wie vor das Wappen des Fürstbischofs Seinsheim. Wie schon im 18. Jahrhundert werden die dicken Holzbohlenwände dieses Behälters noch heute über ein mächtiges schmiedeeisernes Gestänge zusammengehalten. Das aus dem Bottich abfließende Wasser speist heute die Wasserspiele des Großen Sees.

Vom Wasserturm aus geht man die Randallee weiter nach Süden, bis man in der Nähe des südwestlichen Gittertores auf die Figur des Neptun stößt.

31 NEPTUN: Der Gott des Meeres, einst mit Dreizack; unten Delfin und Schildkröte. Von Johann Wolfgang van der Auvera, etwa 1755. Ursprünglich zum Figurenzyklus des Gartenparterres gehörend, wurde er wohl 1768 hierher versetzt. Er dient als Blickpunkt der südlichen Randallee und unterstreicht am Rande der Seezone das große Thema des Elements Wasser.

Man biegt nun in die südliche Randallee ab, die ostwärts zum Grottenhaus (Nr. 62) führt, und erreicht nach etwa 60 Metern rechter Hand eine in die Heckenwand zurückspringende Nische mit der Figur der Diana. Diese Nische bildet den Endpunkt der langen Symmetrieachse, die von Norden nach Süden über den Parnass hinweg durch die gesamte Seezone verläuft.

Allegorie des Abends, F. Tietz (Nr. 34)

32 DIANA: Diana ist die Schwester des Lichtgottes Apoll, auf den wir bereits am Fuße des Parnass gestoßen sind und der nun über die Mittelachse der Seezone in eine direkte Verbindung mit seiner Schwester gesetzt wird. Die fantastisch drapierte Figur der Diana zeigt die Göttin der Jugend und Königin der Nacht mit einem bekrönenden Halbmond, in der Rechten ein Hifthorn, die Linke auf dem Geweih eines Hirsches. Hund und Hirsch kauern dekorativ zu beiden Seiten der Göttin. Davor zwei Steinbänke in Rocailleformen. Die bewegt komponierte Gruppe ist ein Werk des Ferdinand Tietz, 1767–1768.

Die Diana im Rücken, blickt man nun auf den sogenannten Kleinen See, der mit seinen rahmenden Gartenelementen den südlichen Abschluss der Seezone bildet. Man geht auf den See zu und biegt, am Rand angekommen, nach links ab, um den See einmal zu umrunden.

33 KLEINER SEE: Diesen zweiten, wesentlich kleineren und im Grundriss recht einfachen See ließ Fürstbischof Johann Philipp Franz von Schönborn (reg. 1719–1724) im Jahr 1721 nach den Angaben des Wiesentheider Markrichters ausheben (Abb. S. 125). Auf diese Weise sollte ein mit Obstbäumen bestandenes Quartier trockengelegt werden, da die Bäume wegen des hohen Grundwasserstandes nicht gediehen. (Diesen freundlichen Hinweis erhielten wir von Dr. Michael Renner, Erding.) In der Mitte des Sees liegt eine künstliche Insel. Hier springt eine Fontäne in Glockenform. Bei dem wasserspeienden Tier soll es sich wohl um einen Phönix handeln. An den Schmalseiten des Ufers die Allegorien der vier Tageszeiten. Jede der Figuren ist einem Heckenquartier zugeordnet. Wie schon im Gartenquartier am nördlichen Ende der Seezone, so waren auch die heute durch Hecken umgrenzten Rasenflächen ursprünglich von kunstvollen, brusthohen Obstspalierzäunen eingefasst, während man auf den Beetflächen im Inneren Gemüse anzog. Die riesenhaft aufgewachsenen Platanen an den vier Uferecken stammen aus der ersten Hälfte des 19. Jahrhunderts. Sie sprengen die Kleinmaßstäblichkeit dieses Gartens und verleihen ihm, trotz der strengen Geometrie im Grundriss, einen eher verwunschenen Charakter.

Allegorie der Nacht, F. Tietz (Nr. 34)

Zunächst stößt man an der Westseite des Sees auf zwei kleine Kinderfiguren, dann an der Ostseite.

34 **ALLEGORIEN DER TAGESZEITEN:** Die vier um den See stehenden genrehafte Kinderfiguren stellen Allegorien der Tageszeiten dar. Das Programm dieser von Tietz 1766 und 1767 gefertigten Figurengruppe gehört ebenfalls in den mythologischen Kreis des Apollo, jedoch geht hier die antikische Tendenz vollständig verloren und macht einem humorvollen Genre Platz. Die erste Kinderfigur stellt den Morgen dar. Sie ist mit einer Uhr und einer Schlafhaube ausgestattet; am Sockel ein Hahn, der den Morgen begrüßt. Der Mittag trägt eine Fackel und zeigt am Sockel die volle Mittagssonne. Auf der Ostseite stehen die Allegorien von Abend und Nacht. Der Abend wird durch den Abendstern gekennzeichnet; am Sockel ebenfalls ein

Stern. Die Nacht trägt eine Schlafhaube und hält eine zum Löschen gesenkte Fackel; am Sockel eine Mondsichel.

Man verlässt den Kleinen See und folgt dem schmalen Weg, der zwischen den Figuren des Abends und der Nacht zur Lindenallee hinaufführt. In der Lindenallee stehend, geht man auf den südlichen Endpunkt dieser Wegeachse zu, der vom Südlichen Gittertor, auch Kaisertor genannt, gebildet wird.

35 **SÜDLICHES GITTERTOR UND LINDENALLEE:** Vor dem Südlichen Gittertor, das als Abschluss der Lindenallee dient, liegt eine etwas erhöhte, bühnenartige Terrasse, zu der man über sieben Treppenstufen aufsteigt. Die Gesamtanlage wurde von Johann Philipp Geigel entworfen und war 1774 vollendet. Das Torgitter stammt aus der Werkstatt von Johann Anton Oegg (1745–1800), Plastik und Dekoration von Johann Peter Wagner. Die Terrasse liegt über einer tonnengewölbten Brunnenstube; die begrenzenden Balustraden sind mit kleinen Urnen versehen und auf der West- und Ostseite mittig mit kleinen Treppen durchbrochen, die in etwas tiefer liegende seitliche Räume führen. Das elegante Ziergitter im Hintergrund breitet sich zwischen zwei starken bossierten Torpfeilern aus. Sein von Vasen akzentuierter, giebelartiger Aufsatz umschließt das Namensmonogramm Seinsheims; die ineinandergesetzten Buchstaben A und F stehen, wie schon auf dem Wappenschild an der Westtreppe der Schlossterrasse, für die Vornamen des Bauherrn, Adam Friedrich (Abb. S. 33). Flankierend stehen dazu die beiden Pfeilerbekrönungen mit Urnen und Puttenpaaren. Die auf diese Baugruppe zuführende Allee geht von der westlichen Front des Schlossparterres aus. Sie besteht aus Linden, deren Kronen zusammengewachsen und streng kastenförmig geschnitten sind. Den auf den Baumstämmen ruhenden Kronenblöcken entsprechen im Sockelbereich hüfthohe Kornelkirschenhecken. Diese Art der Alleebildung war schon in der Auffahrtsallee zu beobachten, wenngleich die Hecken dort um einiges höher sind und nicht wie hier zwischen den Baumstämmen eine endlose Reihe von »Fenstern« in die benachbarten Heckenquartiere öffnen. Diese Allee zählt zu den markantesten Gangräumen des Veitshöchheimer Gartens. Die fensterartigen Ausblicke in die benachbarte See- und Laubengangzone machen die Allee nicht zu einem trennenden, sondern vielmehr zu einem verbindenden Element zwischen der Seezone und der Laubengangzone, die es nun zu entdecken gilt.

Um in die Laubengangzone zu gelangen, biegt man am Ende der Lindenallee, das Gittertor im Rücken, rechts in den schmalen, heckengesäumten Diagonalweg ein und gelangt so zum südlichen Heckenkabinett (Nr. 36) mit den mythologischen Kindergruppen.

LAUBENGANGZONE
(NR. 36–50)

Herme am Eingang eines Laubenganges, F. Tietz

Das über 330 Meter lange und ca. 60 Meter breite Gebiet der Laubengangzone ist in sich exakt symmetrisch aufgebaut und besteht aus drei Teilen. Im Norden und Süden wird die Zone durch zwei kleine Randquartiere eingefasst, in deren Zentrum sich rechteckige Heckensäle mit Figurennischen befinden. Der größere, mittlere Teil war ursprünglich durch einen verbindenden Laubengang geprägt, der dieser Zone den Namen gegeben hat. Die Laubengänge werden an den wichtigen Ein- und Ausgängen zur Linden- und zur Fichtenallee durch Hermen geziert. Auf den schlanken Steinsockeln begegnet man einer von sprühendem Leben erfüllten Maskerade von Büsten: Exoten, Allegorien der Jahreszeiten, Faune und Nymphen, Naturgottheiten und Schauspieler. Sämtliche Hermen stammen aus der Werkstatt von Ferdinand Tietz und wurden zwischen 1766 und 1768 gefertigt.

Die zugänglichen Gartenbereiche dieses mittleren Teils bestehen aus den Laubengängen, zwei baugleichen Treillagepavillons, zwei kleinen, ovalförmigen Heckenkabinetten sowie einem großen Mittelrondell. Seitlich der Wege liegen zehn nicht zugängliche Heckenquartiere, die mit kesselförmig geschnittenen halbstämmigen Obstbäumen (zumeist Apfelbäume) regelmäßig bepflanzt sind. Der Kesselkronenschnitt war im 18. Jahrhundert sehr beliebt und forderte von den Gärtnern ein hohes Maß an handwerklichem Geschick. An solchen Obstbäumen wuchs das zum Rohverzehr geeignete sogenannte »Tafelobst«, das auf keiner herrschaftlichen Tafel fehlen durfte. Seit 1998 werden die Obstbäume der Laubengangzone wieder im historischen Kesselkronenschnitt erzogen. Zwischen diesen Obstbäumen lagen schon immer Entwässerungsgräben, die notwendig sind, um das hier hoch anstehende Grundwasser ableiten und den Obstbäumen auf diese Weise bessere Wachstumsbedingungen bieten zu können.

Nachdem die mit Kletterpflanzen bewachsene Holzlattenarchitektur der Laubengänge schon in der zweiten Hälfte des 19. Jahrhunderts wegen Baufälligkeit aufgegeben werden musste, ersetzte man sie durch parallel gepflanzte Hainbuchenhecken, die über dem Weg zu einem Tonnengewölbe zusammengezogen wurden. Noch heute werden die Laubengänge im Hofgarten auf diese Weise geformt. Von Norden nach Süden durchschneidet eine lange Blickachse die gesamte Laubengangzone. Die Endpunkte der Blickachse werden von zwei Sandsteinskulpturen gebildet; im Süden eine Herkulesfigur und im Norden die Muse Polyhymnia auf der südlichen Futtermauer der Schlossterrasse. Die lange Sichtachse ist in mehrfacher Hinsicht bemerkenswert und reizvoll. Zum einen führt sie den Blick des Betrachters in gerader Linie durch zahllose Fensteröffnungen in Heckenwänden und Pavillons in Längsrichtung durch die gesamte Laubengangzone. Die Wegeführung weicht bewusst von der Blickführung ab und manövriert den Spaziergänger in stetem Wechsel aus der rund 350 Meter langen Blickachse heraus und wieder in diese zurück. Zum anderen führt die Blickachse durch schattige Laubengänge und Pavillons und über offene Gartenkabinette und Brunnenbecken hinweg, in denen Sonnenstrahlen lebhafte Lichtreflexe zaubern. So entsteht ein rhythmisches Wechselspiel von Licht und Schatten, was wiederum die Kleinteiligkeit dieser Gartenzone unterstreicht. Die lang gestreckte Sichtachse, die den Blick des Besuchers in

Die zentrale Blickachse der Laubengangzone führt durch die ovalen »Fenster« der Treillagepavillons

die Tiefe dieser Gartenzone führt, steht aber auch in einem gewissen Kontrast zu den kleinen Gartenkabinetten und Pavillonbauten, die entlang dieser Achse wie an einer Perlenschnur aufgereiht sind.

Mit Ausnahme der beiden schiefergedeckten Treillagepavillons, die Franz Anton Ermeltraut mit Kuppelfresken zierte, sind sämtliche Gartenräume zwischen 1765 und 1768 durch Ferdinand Tietz und seine Werkstatt mit Skulpturen ausgestattet worden. Im Mittelrondell als dem Hauptraum dieser Zone sind die Allegorien der vier Erdteile, ein musizierendes Schäferpaar und ein höfisches Tanzpaar sowie Vasen mit Tiergruppen und Trophäen aufgestellt. In den weiteren Räumen der mittleren Zone geht die Darstellung auf die Figuren von Kindern und Putten über, die in paradiesischer Einfalt und Blöße die Welt der Großen mit andeutenden Gebärden und Kostümteilen nachspielen (Abb. S. 96 u. 161). In den »Salons« südlich des Rondells wird die Natur durch die genrehaften Allegorien der Jahreszeiten und die Poesie durch Szenen aus antiken Jäger- und Hirtensagen repräsentiert. Die Räume auf der nördlichen Seite sind dem Tanz und der Musik vorbehalten. Kinderpaare tanzen Menuett und führen ein Konzert auf. Die plastische Dekoration der Laubengänge trägt die Themen der Naturgottheiten, exotischen Völker, Monatsallegorien, Faune und Nymphen auf der niederen Rangstufe von Büsten bzw. Hermenpfeilern vor. Im Ganzen erweckt der Figurenschmuck der Laubenregion den Eindruck eines höfischen Gartenfestes, bei dem die Motive von Repräsentation und Galanterie, ausgelassener Maskerade, aber auch poetischer Stimmung ineinanderspielen. Die dezente Gesamthaltung, insbesondere die beherrschende Rolle der Kinder und Putten bei diesem Fest, machen bewusst, dass es sich hier um die Ausstattung eines bischöflichen Gartens handelt.

36 SÜDLICHES HECKENQUARTIER: Von den äußeren Ecken dieses rechteckigen Gartenquartiers führen vier schmale Wege diagonal zum mittig gelegenen Gartenraum. Sowohl die Diagonalwege als auch der Gartenraum werden von über zwei Meter hohen Heckenwänden begrenzt. In den großen, halbkreisförmigen Nischen an den Schmalseiten des Gartenkabinetts befinden sich halbrunde Steinbänke mit Rocailleornamentik. In den vier Nischen der Längswände, die ursprünglich aus konchenförmigen Treillagen gebildet wurden, steht je ein Puttenpärchen, das eine mythologische Szene aus der antiken Hirten- und Jägerpoesie darstellt. Es handelt sich bei jeder der vier Figurengruppen um Begegnungen zwischen Göttern und irdischen Wesen. Die Gestalten sind nicht nur durch die zugehörigen Attribute charakterisiert, die Kinder bringen in reizvoller Weise auch psychologische Gehalte zum Ausdruck. Sämtliche Bildhauerarbeiten entstammen der Tietz-Werkstatt um 1766. Die Platzfläche des Heckenkabinetts besteht aus einem umlaufenden Weg und einem Rasenspiegel. Der Rasenspiegel ist durch einen ornamentalen Zierweg am Rande geschmückt. In der Mitte der Rasenfläche liegt ein sogenannter »lebender« Blumenkorb. Er besteht aus einem bunten Arrangement mehr- und einjähriger Blumen und Stauden, die mit einem dekorativen Holzgitter eingefasst sind, das bewusst Assoziationen an einen Flechtkorb hervorruft. Solche dauerhaften Blumenkörbe sind typische Gestaltungselemente des Rokokogartens. Sie erfreuten sich im ausgehenden 18. Jahrhundert großer Beliebtheit.

Man begibt sich nun, entgegen dem Uhrzeigersinn, auf einen kleinen Rundgang durch das südliche Gartenkabinett: auf der Südseite rechts mit der Figurengruppe Diana und Hippolyt beginnend.

DIANA UND HIPPOLYT (REKONSTRUIERT): Der Jäger Hippolyt bringt der von ihm verehrten Göttin Diana, die mit einer Mondsichel über der Stirn dargestellt ist, einen Eberkopf dar. Das Original dieser Figurengruppe ist verloren. Die aufgestellte Kopie wurde nach einem kleinen Holzmodell im Bayerischen Nationalmuseum in München, das Tietz zugeschrieben wird, rekonstruiert.

ZENTRALE BLICKACHSE: Auf den Langseiten des Südlichen Gartenkabinetts, jeweils mittig zwischen den beiden Figurengruppen, durchschneidet die bereits erwähnte Blickachse diesen Gartenraum. Im Süden erkennt man

hinter den ausgeschnittenen Hecken in einer Entfernung von nur 25 Metern eine Herkulesstatue. Diese Gartenskulptur wurde rekonstruiert, nachdem sie im Zweiten Weltkrieg zerstört worden war. Die Figur der Polyhymnia, das nördliche Pendant des Herkules, steht von hier aus gesehen über 300 Meter weit entfernt. Man kann sie deshalb nur sehen, wenn die Lichtverhältnisse gut und die schmalen Heckenfenster, durch die dieser lange Blick führt, frisch geschnitten sind.

Puttengruppe mit Apoll und Marsyas aus den Ovidischen Metamorphosen, F. Tietz, aufgestellt im südlichen Heckensaal (Nr. 36)

KYBELE UND ATTIS: Der von einem Löwen begleiteten Göttin der fruchtbaren Bergnatur, Kybele, wird von ihrem Geliebten Attis ein Früchtekorb gereicht.

AURORA UND CEPHALUS: Der Jäger Cephalus, durch Hifthorn und Hund gekennzeichnet, wird von der diademgeschmückten göttlichen Morgenröte verlockt, Gattin und Hof zu verlassen und ihr zu folgen.

APOLLO UND MARSYAS: Apollo, der Gott der Musen, im Streit mit dem bocksfüßigen Faun Marsyas um den Vorrang von hoher Kunst (gambenförmige Leier) oder Hirtenpoesie (Hirtenflöte).

Man verlässt den Heckensaal auf dem nach Nordwesten führenden Diagonalweg und kehrt so zur Lindenallee zurück. Von dort aus biegt man wieder rechts in diagonaler Richtung in den nordostwärts verlaufenden Laubengang ein. Die von der Lindenallee zum südlichen Treillagepavillon hinführenden Laubengänge werden an ihren Eingängen von Hermen mit Büsten exotischer Völker flankiert. Nachdem man die Hermen passiert hat, erreicht man den in der zentralen Sichtachse gelegenen südlichen Treillagepavillon und ist nun im mittleren Abschnitt der Laubengangzone angekommen.

37 **SÜDLICHER TREILLAGEPAVILLON:** Es handelt sich hierbei um einen anmutigen hölzernen Gerüstbau, der sich auf einem kreisrundem, mit Sandsteinplatten belegten Podest erhebt; darüber eine flache Kuppel. Das spitz zulaufende Dach des Pavillons ist mit Schiefer gedeckt. Der Pavillon gehört zu der ursprünglich sehr aufwendigen Treillagearchitektur, die sich über weite Teile der Wege spannte und vollständig mit Kletterpflanzen bewachsen war. Die Schnitzereien am Äußeren des Pavillons und in der Hohlkehle der Deckenschale werden Peter Wagner zugeschrieben. Die von Franz Anton Ermeltraut 1765 geschaffenen Deckenmalereien im südlichen und nördlichen Treillagepavillon behandeln Geschichten aus Ovids Metamorphosen (Sagen von wunderbaren Verwandlungen). Im Kuppelfresko des südlichen Pavillons klingt das Motiv des Herbstes an (Abb. S. 151): Pomona, die Göttin des Obstbaus, wird von Vertumnus, dem Gott des Jahreszeitenwechsels, in Gestalt einer alten Frau zur Heirat überredet. Die drei monochrom in Ockertönen gehaltenen Malereien der Hohlkehle sind leider verblasst. Sie stellten den Tod des Hyacinthus und das Entstehen der Hyazinthe dar, die Entführung des Ganymed durch den Göttervater Jupiter und die Verwandlung des um seinen Lieblingshirsch trauernden Cyparissus in eine Zypresse. Durch das ovale Fenster im Süden und den gegenüberliegenden nördlichen Ausgang aus dem Pavillon führt wieder die zentrale Blickachse.

Vom südlichen Treillagepavillon aus folgt man dem nach Norden verlaufenden Laubengang und kommt zum südlichen Ovalkabinett.

38 SÜDLICHES OVALKABINETT: Der annähernd ovale Grundriss dieses intimen Gartenraums ist über einer Wegkreuzung entwickelt. Die Winkel zwischen den anstoßenden Wegen sind durch gebogene, hohe Heckenwände mit Figurennischen geschlossen. Innerhalb dieses Raums sind die Kronen von zwölf hochstämmigen Linden zu einem ringförmigen Blätterkranz formiert, der sich in schmalen

Vertumnus und Pomona, Deckenbild im Südlichen Treillagepavillon (Nr. 37), von F. A. Ermeltraut, um 1765

Rasenbändern am Boden widerspiegelt und somit einen Raum im Raum bildet. Der streng formierte Blätterkranz wird, um die axialen Blickachsen nicht zu stören, durch die sich kreuzenden Wege in vier gleich große Segmente geteilt. Die Linden stehen um ein rundes Brunnenbecken, in dessen Mitte sich ein wasserspeiender Seewidder mit zwei fischschwänzigen Tritonenkindern befindet. Aus dem Maul des Seewidders steigt ein feiner Springstrahl in die Höhe. Der bis ins Detail fein durchgearbeitete Gartenraum ist ein Paradebeispiel für die Gartengestaltung des Rokoko. Die Skulpturen stammen von Ferdinand Tietz (1765–1766). Die in den Heckennischen spielenden Kinder verkörpern die Allegorien der Jahreszeiten. Im Gegensatz zu den Darstellungen dieses Themas am Großen See begegnet man hier einem ausgesprochenen Genrespiel.

ALLEGORIE DES FRÜHLINGS: Ein Putto mit Blumengewinden.

ALLEGORIE DES SOMMERS: Ein Putto mit Ährenbündel und Äpfeln.

ALLEGORIE DES HERBSTES: Ein Putto isst Trauben.

ALLEGORIE DES WINTERS: Ein Putto mit Mütze, Pelzumhang und Muff; zu seinen Füßen ein Feuer.

HERMEN: An der südlichen und nördlichen Einmündung des Laubenganges stehen Hermen mit Männerbüsten exotischer Völker.

Blick auf den ursprünglichen Zustand des Großen Rondells, Ausschnitt aus dem Gartenmodell, Zustand um 1780

Vom südlichen Heckenkabinett führt der Laubengang weiter nordwärts zum Großen Rondell, dem Zentrum der Laubengangzone.

39 GROSSES RONDELL ODER »CIRCUS«: Das Rondell liegt im Schnittpunkt der vom Großen See im Westen zur ehemaligen Kaskade im Osten verlaufenden Hauptquerachse des südlichen Hofgartens und der von Norden nach Süden verlaufenden Symmetrieachse der Laubengangzone. Es wird von den Laubengängen umschlossen, vor deren Wänden in symmetrischer Anordnung Figuren, Zierstücke und Steinbänke verteilt sind. Davor steht ein Kranz von 32 Linden, deren zusammengewachsene, streng geschnittene Kronen wie schon beim Südlichen Ovalkabinett eine ringförmige Hochhecke bilden. In der Mitte befindet sich eine runde Wiesenfläche mit vier mächtigen Platanen, die im 19. Jahrhundert von den Söhnen König Ludwigs I. gepflanzt worden sein sollen. Dem Gartenplan von 1780 zufolge war

Blick von Osten auf das Große Rondell

dieser kreisförmige Platz im 18. Jahrhundert wie eine Torte vom Zentrum ausgehend in 28 Segmente mit 28 Skulpturen und Bänken als Blickpunkte unterteilt: Ein kleiner Rasenplatz in der Mitte des Rondells war zunächst mit einem Weg umgeben, an dem dann 28 hohe Heckenbögen die Schmalseiten der Segmente betonten. Von den Heckenbögen führten schmale Heckenscheiben radial nach außen auf die Stämme der in einem Kreis gepflanzten Linden. In jedem Segment stand vor dem Hintergrund des ebenfalls kreisförmig gebogenen Laubengangs abwechselnd je eine höhere Sandsteinskulptur und niedrige Sandsteinbank, sodass das Ganze insgesamt wie ein zirkusförmiges Logentheater wirkte. Im Bereich der Segmente mit den Sandsteinbänken waren im dahinterliegenden Laubengang Fenster eingeschnitten, von denen man aus dem Laubengang heraus in die Mitte des Rondells sehen konnte. Im Bereich der Segmente mit dem figuralen Schmuck befanden sich die Fenster auf der dem Rondell abgewandten Außenseite des

153

Laubengangs und lenkten den Blick des Spaziergängers in die vier obstbaumbestandenen Heckenquartiere hinter dem Großen Rondell (Abb. S. 152 und 26/27).

Die von Tietz zwischen 1767 und 1768 geschaffenen Sandsteinskulpturen bestehen aus den Allegorien der vier Erdteile, einem galanten Tänzerpaar sowie einem in Schäfertracht auftretenden Musikantenpaar, ferner aus vier Vasen mit Tiergruppen, vier Trophäen mit Musikinstrumenten und Jagdwaffen sowie aus zwölf Steinbänken. Die Themen weisen das Rondell als »Festsaal« des Gartens aus. Die die vier Erdteile personifizierenden Herrschergestalten bringen das Motiv fremdländischer Fantastik zur Geltung, dienen aber zugleich – wie in vielen Kaisersälen und Treppenhäusern der Zeit – der Repräsentation fürstlicher Macht. So wird der Erdteil Europa im Rondell durch die Figur des Römischen Kaisers Deutscher Nation vertreten, und im Dekor einer benachbarten Vase nimmt der Reichsadler die fränkische Herzogskrone unter seine Fittiche. Daneben unterstreichen die beiden Tänzer und das einem fidelen Schäferspiel entstammende Musikantenpaar die Thematik der Gartenfeste und Maskeraden, die das Figurenprogramm der Laubengangzone wie ein roter Faden durchzieht.

Kaiser Joseph II. als Allegorie Europas, F. Tietz (Nr. 45)

Rundgang durch das Große Rondell. Man beginnt am südlichen Eingang des Rondells und bewegt sich im Uhrzeigersinn zwischen Laubengang und Lindenkreis an den dort aufgestellten Skulpturen entlang. Die dazwischen stehenden 12 Steinbänke bleiben in der nachfolgenden Auflistung unberücksichtigt.

40 ALLEGORIE ASIENS: Der Türkische Sultan präsentiert sich im orientalischen Gepränge, mit Turban und Krummsäbel; am Sockel liegen Halbmond und Rossschweif.

VASE MIT TIERGRUPPE: Wildschwein und Hund.

TROPHÄE: Palmstamm mit Pauke.

41 WESTLICHER ZUGANG: Ein musizierendes Paar flankiert diesen Zugang zum Großen Rondell. Musikant und Musikantin spielen und tanzen in modisch-höfischem Schäferkostüm. Der galante Stil geht ins gelockerte Spiel über. Sie spielt auf einem speziellen Dudelsack, dem »Polnischen Bock«. Er bläst ein Horn mit Tierkopf. Die Einmündungen der Laubengänge werden von Hermen mit Büsten von Faunen und Nymphen flankiert, die sich deutlich als Gestalten eines Maskenfestes zu erkennen geben.

TROPHÄE: Palmstamm mit Hirschkopf.

VASE MIT TIERGRUPPE: Fuchs und Hahn. Die Tiergruppe sitzt auf einem schon klassizistisch gestalteten Vasenkörper.

42 ALLEGORIE AFRIKAS: Der schwarzafrikanische Häuptling trägt eine fantasievolle Kleidung und reichen Kopfschmuck; unten sitzt ein Krokodil.

43 ALLEGORIE AMERIKAS: Die Indianerfürstin, die – den Vorstellungen der Barockzeit von der Neuen Welt entsprechend – indianische bzw. indische Prachtentfaltung darbietet, trägt einen federgeschmückten Turban. In der Rechten hält sie einen Papagei; darunter sieht man eine Weltkugel.

VASE MIT TIERGRUPPE: Raubvogel und Hase.

TROPHÄE: Palmstamm mit Laute und Notenbuch.

44 ÖSTLICHER ZUGANG: Ein tanzendes Paar flankiert den östlichen Zugang zum Großen Rondell. In modischem Festkostüm vollführen ein Kavalier und eine Hofdame, einander zugewandt, den höfischen Kontretanz, beide in melodisch beschwingter Drehbewegung. Ihm fliegen die Rockschöße, ihr bauscht sich die leichte Mantille zu faltenreichen Formen. Gleichwohl ist der Tanz von an-

Türkischer Sultan als Allegorie Asiens, F. Tietz (Nr. 40)

mutiger Gemessenheit. Bewundernswert ist die illusionistische Wirkung der Gewänder, vor allem das vibrierende Spiel der Seide bei der Dame. Auch hier befinden sich an den Einmündungen der Laubengänge Hermen mit Büsten von Faunen und Nymphen.

TROPHÄE: Palmstamm mit Wildschweinkopf und Jagdhorn.

VASE MIT TIERGRUPPE: Der Reichsadler wird hier als Beschirmer der fränkischen Herzogskrone gezeigt (der Adler trug ursprünglich die Kaiserkrone). Auch diese Tiergruppe sitzt auf einem schon klassizistischen Vasenkörper.

45 **ALLEGORIE EUROPAS:** Hier als Römischer Kaiser Deutscher Nation nach dem Bildnis des damals regierenden Joseph II. gestaltet, der sich als lorbeerbekränzter Ritter in voller Rüstung zeigt. Er trägt einen Prunkharnisch mit der Ordenskette des Goldenen Vlieses sowie einen Degen und ein Zepter (Abb. S. 154).

Tanzender Kavalier im Mittelrondell, F. Tietz (Nr. 44)

Man wendet sich nun hinter dem östlichen Zugang zum Rondell der Fichtenallee zu. Sie schneidet sich dort mit der Hauptquerachse des südlichen Hofgartens.

46 **FICHTENALLEE:** Sie wurde wohl schon in der Regierungszeit Greiffenclaus in den 1740er-Jahren angelegt und zählt heute zu den wenigen in deutschen Gärten erhaltenen Fichtenalleen. Seit ihrer Erstanlage ist sie immer wieder erneuert worden, letztmals 1993–1995. Wie bei allen anderen Alleen des Gartens sind auch bei ihr die hochstämmigen Bäume am Fuß mit einer niedrigen Sockelhecke verbunden. So ergibt sich zwischen Heckenoberkante und Kronen-

156

ansatz eine fensterartige Öffnung, die den Blick in die benachbarten Heckenquartiere rahmt. Über die fensterartigen Öffnungen verbindet die Fichtenallee die Laubengangzone mit der benachbarten Irrgartenzone. Neben dieser frei wachsenden Fichtenallee gab es südlich des Küchengartens noch eine weitere Fichtenallee, deren zusammengewachsene Kronen jedoch kastenförmig beschnitten waren. Auffällig ist, dass auch die Lindenalleen im Garten in beiden Formen nebeneinander existierten, die frei wachsende Auffahrtsallee (Nr. 8) und die streng geschnittene Lindenallee, die zum Kaisertor führt (Nr. 35). Die Fichtenallee ist im Norden auf die Schmalseite des Schlosses gerichtet und endet im Süden an der Figurengruppe des Orpheus (Nr. 61).

47 MINERVA UND HERKULES: Ältere Gartenentwürfe aus der Regierungszeit des Fürstbischofs Carl Philipp von Greiffenclau sahen an diesem Schnittpunkt, wo die Fichtenallee die Hauptquerachse des Gartens kreuzt, ein großes vierpassförmiges Wasserbecken mit einer aufsteigenden Fontäne vor. Diese Idee kam jedoch nie zur Ausführung. Seinsheim hielt aber an dem Gedanken fest, dem Blick vom Rondell zum Parnass eine ebenbürtige Perspektive nach Osten entgegenzusetzen. So füllte Tietz die beiden östlichen Ecknischen des Kreuzungspunktes mit den überlebensgroßen Sitzfiguren von Minerva (Abb. S. 158) und Herkules (Abb. S. 159) aus. Die Gruppen von Minerva und Herkules wurden gegen 1768 geschaffen. Hingelagert wie antike Flussgötter rahmen sie die Hauptquerachse und weisen durch ihre Komposition und die Blickrichtung auf die beherrschende Kaskade im Hintergrund hin. Seinsheim ließ die

Tanzende Hofdame im Mittelrondell, F. Tietz (Nr. 44)

Kaskade zwischen 1772 und 1773 durch seinen Bauamtmann Johann Philipp Geigel in der Östlichen Dreieckszone errichten (Abb. S. 183). Seit ihrer Zerstörung im Zweiten Weltkrieg fehlt dieses zentrale Bauwerk am östlichen Ende der Hauptquerachse, das den Gegenpol zur imposanten Skulpturengruppe des Parnass bildete. Die Hauptquerachse verlor damit jene polare Spannung, die sie im Gleichgewicht hielt.

MINERVA: Die wehrhafte Tochter Jupiters und Patronin von Kunst und Wissenschaft trägt einen Helm mit hohem Federbusch. Auf dem Schild, den sie mit ihrer Linken hält, ist das Haupt der Medusa zu sehen. Über einer Wolke sitzt das der Göttin geweihte Tier, die Eule, die zugleich als Sinnbild für die Wissenschaften steht. Im Vordergrund spielt ein Kind die Harfe. Palette und Pinsel wiederum symbolisieren die Künste. Der Maria-Theresia-Orden auf der Brust der Minerva lässt die Gestalt als Ehrung für die große Kaiserin erscheinen.

HERKULES: Mit girlandenumwundener Keule ruht der antike Welterretter von seinen Taten aus. Das Fell des menäischen Löwen auf dem Haupt und die Hydra unter der Keule weisen als Trophäen auf diejenigen Ungeheuer hin, von denen der Halbgott die Menschen befreite. Die Schwere und Breite im Stil der Parnassfiguren wird bei diesen Skulpturen wieder aufgenommen.

Links Minerva und rechts Herkules, F. Tietz (Nr. 47)

Man kehrt zum Rondell zurück, biegt in den weiter nordwärts führenden Laubengang ein und gelangt zum nördlichen Ovalkabinet.

48 **NÖRDLICHES OVALKABINETT:** Für den dem südlichen Ovalkabinett (Nr. 38) entsprechenden Heckenraum lieferte Tietz in den Jahren 1765 und 1766 den Skulpturenschmuck. Das festlich-heitere Spiel geht wieder auf die Kinder über. Die im Rondell auftretenden Themen von Tanz und Musik werden weitergeführt. Das Genremotiv der Darstellung von Erwachsenen durch Kinder gelang hier dem Meister am vollkommensten. Man »spielt« die Gesellschaft mit ihren Allüren und ihrer Psychologie. Die Grandezza der Herren und die Gelöstheit der Damen sind in Gebärde und Kostüm zueinander in Kontrast gesetzt. Die symbolische Bekleidung der Putten mit

Wasserspeiender Seewidder mit Tritonenkindern im nördlichen Heckenoval (Nr. 48)

Kostümstücken der Zeitmode erhöht den theaterhaften Effekt. In dem runden Brunnenbecken befindet sich ein wasserspeiender Seewidder, der wie im südlichen Oval-kabinett von zwei fischschwänzigen Tritonenkindern umgeben ist. Aus dem Maul des Seewidders steigt ein feiner, der Zierlichkeit des Rokoko angemessener Springstrahl in die Höhe.

MUSIZIERENDES KINDERPAAR: In der einen Nische auf der östlichen Seite steht eine kleine, nur mit Mantille und Häubchen bekleidete Dame, die ein Lied anstimmt. In der zweiten Nische befindet sich ein Flöte spielender kleiner Kavalier mit eng anliegendem Leibrock und begleitet die Sängerin (Abb. S. 3).

TANZENDES KINDERPAAR: In den beiden westlichen Heckennischen stehen ein Kavalier, der mit dem Dreispitz unter dem Arm zum Kontretanz auffordert (Abb. S. 161), und eine kleine Dame, nur mit einer Mantille staffiert, die diese Aufforderung freudig annimmt (Abb. S. 96).

HERMEN: Am südlichen Zugang zum Laubengang stehen Hermen mit Büsten der Jagdgöttin Diana und der Waldnymphe Silva, am nördlichen Zugang sieht man die Büsten der Frühlingsgöttin Flora und der Göttin des Obstbaues, Pomona. Letztere spielt auf die vielen Obstbäume an, die in den Heckenquartieren der Laubengangzone stehen. Alle Figuren stammen aus der Werkstatt des Ferdinand Tietz, 1767.

Der Laubengang führt nach Norden weiter zum zweiten Treillagepavillon. In diesem Abschnitt deckt sich der Wegeverlauf wieder mit der zentralen Blickachse der Laubengangzone. Der nördliche Zielpunkt der langen Blickbahn, die Nymphe Polyhymnia auf der südlichen Futtermauer der Schlossterrasse, rückt nun immer näher. Hinter dem ovalen Fensterausschnitt des nördlichen Treillagepavillons (Nr. 49) ist die Figur gut zu sehen.

Früher, als die Figuren des Gartens noch weiß gefasst waren, konnte man sie vor dunklen oder grünen Hintergründen besser erkennen als heute. Selbst aus großen Entfernungen, an den Enden der langen Blickachsen, waren die weißen Figuren deutlich zu sehen.

49 **NÖRDLICHER TREILLAGEPAVILLON:** In der Kuppelschale finden sich Malereien von Franz Anton Ermeltraut aus dem Jahre 1765. Hier ist im Mittelpunkt ein Frühlingsthema, die Hochzeit von Flora und Zephir, behandelt. Die drei Grisaillen der Hohlkehle erzählen von Narziss, der aus Verliebtheit in sein eigenes Spiegelbild in den Brunnen fiel und von den Göttern in eine Narzisse verwandelt wurde; von der Nymphe Daphne, die sich dem Apoll durch Verwandlung in einen Lorbeerbaum entzog; sowie von Jason und Medea. Die Holzpfosten, das Lattenwerk und die Fensterlaibungen des südlichen und nördlichen Treillagepavillons wurden in den Jahren 2007 und 2008 aufwendig saniert und farbig neu gefasst.

Putten mit Notenbuch, F. Tietz (Nr. 50)

HERMEN: Die vom nördlichen Pavillon zur Linden- und zur Fichtenallee führenden Laubengänge werden an ihren Ausgängen von Hermen mit Allegorien der Jahreszeiten in der Darstellung durch Schauspieler flankiert. Alle Hermen stammen von Ferdinand Tietz, 1767.

Den Pavillon verlässt man durch den in nordwestlicher Richtung verlaufenden Laubengang und erreicht wieder die Lindenallee, wo sich linker Hand eine groß-

artige Perspektive zum weit entfernten Südlichen Git-
tertor bietet. Nachdem man den Blick gen Süden aus-
giebig genossen hat, wendet man sich wieder nach Nor-
den und biegt nach wenigen Metern über den nordost-
wärts verlaufenden Diagonalweg in das nördliche
Heckenquartier ein.

50 NÖRDLICHES HECKENQUARTIER: Auf diesem Platz
hatte Fürstbischof Greiffenclau noch kurz vor seinem Tod
im Jahr 1754 ein Vogelhaus errichten lassen, das dann von
Seinsheim wieder aufgegeben wurde (Abb. S. 14/15).
Die dem Gartenkabinett im südlichen Heckenquartier
(Nr. 36) entsprechenden Heckennischen nehmen auch
hier an den Schmalseiten bogenförmige Steinbänke auf.
An den Langseiten stehen vier musizierende Kinderpaare vor grottenartigen Staffagen. Sämtliche Arbeiten
stammen aus der Tietz-Werkstatt und wurden in den Jahren 1765 und 1766 gefertigt.

Wie im südlichen Pendant begibt man sich nun entgegen
dem Uhrzeigersinn auf einen Rundgang durch das Gar-
tenkabinett: auf der Südseite rechts mit den Putten mit
Laute beginnend und auf der Nordseite links mit den Put-
ten mit Notenbuch endend.

PUTTEN MIT LAUTE: Zwei Putten vor fantasievoller Staffage; zu ihren Füßen ein aufgeschlagenes Notenbuch.
PUTTEN MIT TAMBURIN: Singende Kinder, von denen eines mit der Linken ein offenes Notenbuch hält und mit der
erhobenen Rechten, wie ein Dirigent, den Taktstock führt;
zu ihren Füßen ein Tamburin.
PUTTEN MIT CELLO UND LAUTE: Zwei musizierende Putten vor grottenartiger Hintergrundarchitektur.
PUTTEN MIT NOTENBUCH: Singende Putten mit Notenbuch, das aufgeschlagen auf dem Rücken eines Hünd-
chens liegt und von einem der Kinder gehalten wird.

Das Gartenkabinett verlässt man durch den in südöst-
licher Richtung führenden Diagonalweg, quert die Fich-
tenallee und gelangt nun in das Gartentheater (Nr. 51), das
den nördlichen Teil der sogenannten Irrgartenzone bildet.

IRRGARTENZONE (NR. 51–60)

Diese nur 40 Meter breite Gartenzone, die in den Jahren
1767–1768 angelegt wurde, zerfällt in drei etwa gleich
große, aber völlig unterschiedlich gestaltete Quartiere.
Im nördlichen Drittel liegt das Gartentheater, während
der mittlere Gartenteil aus zwei spiegelsymmetrisch gestalteten Partien mit Quellplätzen und exotischen Pavillons besteht. Den südlichen Abschluss bildet der sogenannte Fabelring mit Tiergruppen aus der äsopischen Fabelwelt, an den sich ein über 1 000 m² großer Lindensaal
anschließt. In der Mitte des Lindensaals stand bis 1945
ein Treillagepavillon mit einem kupferblechbeschlage-
nen Dach. Die bereits seit den Anfängen des Gartens mit
dichteren Baumpflanzungen und kleinteiligerem Wege-
netz ausgestattete Zone baute man unter Seinsheim plan-
mäßig zu einer extrem differenzierten Gartenpartie mit
unzähligen Irrgartenquartieren aus. Dabei wurde das
»Exotische« zum alles überspannenden Thema der Irrgartenzone. Die beiden »Indianischen Pavillons«, die
fremdländischen Gehölze innerhalb der Irrgartenquartiere sowie die Tiere aus der fantastischen Fabelwelt des
Äsop, die den Garten hier bevölkerten, entsprachen dem
Bedürfnis der höfischen Gesellschaft nach Abwechslung
und versprühten darüber hinaus den Reiz des Fremdarti-
gen und Kostbaren.
Die kleinteilige Gestaltung der Irrgartenzone spiegelte
sich nicht nur in ihrem komplizierten Grundriss, sondern
auch in der Ausbildung unterschiedlicher Geländeniveaus wider. Tiefer liegende Gartenpartien wie der Bereich unterhalb der Bühne des Gartentheaters, die Quell-

plätze im mittleren Gartenteil oder das leicht abgesenkte Rasenoktogon im Fabelring wurden über Treppen oder Rasenböschungen an das höher liegende Gelände angebunden. Diese dreidimensionale Modellierung des Gartenterrains führte dazu, dass sich der Blickwinkel des Spaziergängers im Auf- und Absteigen immer wieder veränderte. Es fällt auf, daß nur in der Irrgartenzone mit unterschiedlichen Geländeniveaus gearbeitet wurde. Die Hauptwege der Zone waren, wie die benachbarte Fichtenallee, von hochstämmigen Fichten eingefasst. Seit einigen Jahren wird die Irrgartenzone Stück für Stück saniert und partiell wieder dem Zustand des späten 18. Jahrhunderts angenähert. Da kranke Großbäume nach der Fällung nicht mehr nachgepflanzt werden, ist die Zone nun deutlich lichter als früher. Diesem Umstand ist es zu verdanken, dass in den vergangenen Jahren ein Großteil der Fichten entlang der Querachsen und Wegespangen neu gepflanzt werden konnte.

51 GARTENTHEATER: Hinter dem vertieft liegenden und von Rasenböschungen umgebenen Zuschauerraum erhebt sich die Theaterbühne mit sechs Kulissenpaaren aus Hainbuchenhecken (früher Fichtenhecken). Die einst vor den Kulissen stehenden, bunt gefassten Sandsteinfiguren aus der altitalienischen Stegreifkomödie, der Commedia dell'Arte, belebten die Bühne. Das Gartentheater ist wohl von Anfang an als Dekorationsmotiv und nicht zur Aufführung von Theaterstücken geschaffen worden. Die Figuren stammen, wie nahezu alle Figuren dieser Zone, aus der Werkstatt des Ferdinand Tietz und wurden zwischen 1767 und 1768 hergestellt. Sie gehörten wegen ihrer Farbigkeit von Anfang an zu den exotischsten Ausstattungsstücken des gesamten Gartens (Abb. S. 28). Sie wurden schon frühzeitig von Besuchern verstümmelt und bereits 1791, also nur 12 Jahre nach Seinsheims Tod, von seinem Nachfolger Fürstbischof Franz Ludwig von Erthal aus dem Garten entfernt. Die beiden heute im Hintergrund aufgestellten Vasen wurden erst in den Achtzigerjahren des 18. Jahrhunderts von Johann Peter Wagner geschaffen und standen ursprünglich wohl an einem anderen Ort im Garten.

Nördlicher Indianischer Pavillon, F. Tietz (Nr. 52) *Man verlässt das Gartentheater, geht die Fichtenallee südwärts weiter und biegt links in den ersten hangaufwärts führenden schmalen Weg ein. Hier befindet man sich bereits im mittleren Teil der Irrgartenzone und trifft schon nach etwa 20 Metern auf eine halbrunde Heckennische, die den nördlichen Endpunkt der die Irrgartenzone von Norden nach Süden durchziehenden Mittelachse bildet. An der Heckennische biegt man in die zentrale Wegeachse nach Süden ab und gelangt zuerst an den nördlichen der beiden Baldachinbauten.*

52 **NÖRDLICHER »INDIANISCHER PAVILLON« ODER »CHINESISCHES HÄUSCHEN«:** Dieses grazile und exotisch anmutende Bauwerk, dessen zeltartiges Dach von vier aus Sandstein gefertigten Palmen getragen wird, gleicht einem Baldachin. Die Blätterbüschel auf der Spitze und die Ananasfrüchte an den Ecken waren ursprünglich teilweise vergoldet, die Palmen bunt gefasst, die Decke im Inneren blau. Der Pavillon und seine in Stein gehauene Ausstattung (Tisch und vier Hockerpaare) wurden 1768 von Ferdinand Tietz geschaffen. Fürstbischof Seinsheim, der den Fortgang der Arbeiten im Garten stets mit großem Interesse beobachtete, berichtete im Oktober 1768 in einem Brief an seinen Bruder von den Arbeiten an den beiden exotischen Gartenpavillons: »*Gestert ware ich in Veitshechem und habe alles in gutem Stand angetroffen, man arbeitet alldorten an 2 indianischen Häusern, welche bis auf den Plafond fertig seynd, artig vergoldet und mit bunten Farben gezieret worden.*« Die Begriffe »indianisch«, »indisch« oder »chinesisch« wurden im 18. Jahrhundert oftmals synonym verwendet und bezeichneten weniger die

Fabel von Fuchs und Storch im nördlichen Quellplatz, F. Tietz (Nr. 53)

genaue Herkunft als vielmehr den exotischen Charakter einer Sache oder eines Lebewesens. So wurde beispielsweise die Kokosnuss in dieser Zeit auch als »indianische Nuss« bezeichnet, der Papagei als »indianischer Rabe« und der Mais als »indianischer Weizen«.

53 NÖRDLICHER QUELLPLATZ: Unmittelbar an den Indianischen Pavillon schließt ein ovaler, eingesenkter Platz an, der von einer Rasenböschung umgeben ist und über zwei vierstufige Treppen erreicht werden kann. Aus der hangseitigen Rasenböschung sprudelt eine gefasste Quelle hervor. Über der Quelle befindet sich eine von Tietz zwischen 1767 und 1768 angefertigte Tiergruppe, die den zweiten Teil der Fabel vom Storch und Fuchs darstellt. Nach der von Äsop und La Fontaine erzählten Fabel lädt

der Storch den Fuchs zu einer Mahlzeit ein, nachdem er selbst zuvor vom Fuchs eingeladen worden war. Da dem Fuchs das Essen in einer schmalhalsigen Flasche serviert wird, kann er im Gegensatz zum Storch seine Mahlzeit nicht einnehmen und kehrt unverrichteter Dinge wieder nach Hause zurück.

Nachdem man den Quellplatz über die kleine Treppe verlassen hat, geht es auf der Mittelachse weiter nach Süden. Man quert nun die auf der Breite der Irrgartenzone mit Fichten gesäumte große Ost-West-Achse und genießt erneut einen kurzen Blick auf den rechter Hand erscheinenden Parnass, bevor man anschließend die kleine Treppe in den südlichen Quellplatz hinuntersteigt und dann in den Südlichen Indianischen Pavillon gelangt.

54 SÜDLICHER QUELLPLATZ: Es handelt sich hierbei um das Pendant zum nördlichen Quellplatz. Über der aus der hangseitigen Rasenböschung austretenden Quelle erscheint nun die erste Szene der äsopischen Fabel vom Storch und Fuchs, ebenfalls aus der Tietz'schen Werkstatt (1767–1768). Der listige Fuchs gibt sich höflich und lädt den Storch zu einer Mahlzeit ein. Er serviert ihm auf einem flachen Teller eine Suppe, wohl wissend, dass der Storch die so dargereichte Speise nicht einnehmen kann und unverrichteter Dinge und hungrig den Heimweg antreten muss (Abb. S. 169).

55 SÜDLICHER »INDIANISCHER PAVILLON« ODER »CHINESISCHES HÄUSCHEN«: Das Gegenstück zum Nördlichen Indianischen Pavillon (Nr. 52); ebenfalls aus der Bildhauerwerkstatt des Ferdinand Tietz, 1768 (Abb. S. 98/99).

Man bewegt sich nun weiter nach Süden auf den achteckigen Fabelring zu, dessen Nischen wieder mit Tiergruppen aus der Fabelwelt des Äsop besetzt sind. Doch zunächst liegen links und rechts des von einer niedrigen Hecke eingefassten Mittelweges große Strauchpartien. Hier befanden sich einst zwei ausgedehnte Irrgartenquartiere.

56 EHEMALIGE IRRGARTENQUARTIERE: Die Irrwege im Inneren der insgesamt zehn Heckenbosketts waren ursprünglich mit Fichtenhecken gesäumt und endeten in den Ecken der Quartiere jeweils in dreipassförmigen kleinen Plätzen. In den verbleibenden Restflächen zwischen den Irrwegen pflanzte man exotische Gehölze, die gegen Ende des 18. Jahrhunderts vor allem aus Nordamerika und aus Asien nach Europa gelangten. Die neuen Pflanzen waren selten und teuer und fanden deshalb zunächst nur in den herrschaftlichen Gärten einen Platz. Viele Fürsten legten in dieser Zeit große Pflanzensammlungen an. Auch in den teil-

weise sehr kleinen und verwinkelten Binnenflächen der Irrgartenzone in Veitshöchheim wurde eine solche Sammlung
angelegt. Aus Unkenntnis über die Wuchseigenschaften und
ihre endgültige Größe hatte man die exotischen Gehölze,
darunter viele Großbäume, viel zu dicht gesetzt. Dies dürfte der Hauptgrund sein,
warum man die Irrgarten-
zone schon im 19. Jahr-
hundert fälschlicherweise
als »Waldzone« bezeich-
nete. Denn aus den kleinen
Pflanzen hatte sich wegen
des ausbleibenden Rück-
schnitts schon nach weni-
gen Jahrzehnten ein ge-

schlossener, waldartiger Gehölzgürtel mit großen Bäumen
entwickelt. Unter dem dichten Kronendach der Bäume be-
kamen die kompliziert geführten Fichtenhecken der Irrgar-
tenbereiche nicht mehr genügend Licht, sodass sie ab etwa
1815 nach und nach eingingen. Heute stehen nur mehr wenige Großbäume in dieser ursprünglich lichten Gartenpartie (Abb. S. 98/99). Ziel ist es, in diesen Heckenquartieren
zukünftig nur noch niedrige Ziersträucher zu kultivieren.

Die beiden gro-
ßen Irrgarten-
quartiere zwi-
schen dem
Südlichen India-
nischen Pavillon
und dem an-
schließenden
achteckigen
Fabelring, Aus-
schnitt aus dem
Gartenmodell

Man gelangt nun an einen oktogonalen Platz, der mit nied-
rigen Hecken eingefasst ist, den sogenannten Fabelring.

57 OKTOGONALER PLATZ ODER »FABELRING«: Der
Raum ist von innen nach außen konzentrisch aufgebaut:
Ein leicht abgesenkter achteckiger Rasenspiegel ist von
einem schmalen Weg umgeben, daran schließt eine etwa 50 cm hohe, achteckige Rasenböschung an, die ebenfalls mit einem schmalen Weg umfasst wird; es folgt eine niedrige achteckige Kornelkirschenhecke, die durch
vielfache Unterbrechungen in einzelne Heckenstücke
geteilt ist, gefolgt von einem weiteren Weg und der ab-

schließenden, etwa 1,30 Meter hohen Einfassungshecke, die durch die kreuzförmig einmündenden Wege in vier Teile zerfällt. Jeweils in der Mitte dieser vier Begrenzungshecken liegt eine Nische. Dort stehen ironisch-humorvolle Fabeltiergruppen, die in der Werkstatt des Ferdinand Tietz zwischen 1767 und 1768 angefertigt worden sind. Sie stellen, wie schon in den Quellplätzen, moralisierende Fabeln dar, die von Äsop und La Fontaine niedergeschrieben worden sind.

Der Rundgang auf dem äußeren Weg des Fabelrings beginnt, von den Quellplätzen kommend, linker Hand an der Nordostseite mit der Tiergruppe Affe zwischen Wolf und Fuchs und endet, dem Uhrzeigersinn folgend, rechter Hand auf der Nordwestseite mit der Gruppe Kranich und Wolf.

Treillagepavillon des Lindensaals vor 1945

AFFE ZWISCHEN WOLF UND FUCHS: Der Affe soll in einem Streit zwischen Wolf und Fuchs Recht sprechen, urteilt aber, beide hätten einander nichts vorzuwerfen.

AFFE UND FUCHS: Der Affe bittet für sein kahles Hinterteil den Fuchs vergeblich um ein paar Haare aus seinem stattlichen Schweif.

FUCHS MIT MASKE: Der Fuchs hat seine Pfote auf die Brust gelegt und sinniert über die Hirnlosigkeit der Maske.

KRANICH UND WOLF: Der Kranich zieht dem Wolf einen Knochen aus dem Schlund. Der Wolf verweigert dem Kranich jedoch den dafür ausbedungenen Lohn unter dem Vorwand, er könne zufrieden sein, dass ihm nicht der Kopf abgebissen worden sei. Bei dieser Darstellung handelt es sich um die Nachbildung einer nicht mehr vorhandenen Gruppe im Park von Versailles.

Vom Fabelring macht man in östlicher Richtung einen kleinen Abstecher in die angrenzende Randallee. Hier steht als östlicher Blickpunkt der durch den Fabelring führenden Querachse in einer großen Nische die Figur des Ganymed.

58 GANYMED: Der Göttervater Jupiter raubt in der Gestalt eines Adlers den schönen Knaben, um ihn auf den Olymp (Götterhimmel) zu entführen und dort zum Mundschenk der Götter zu machen. Das Tiermotiv war wohl der Anlass zu dieser Skulptur in der Nachbarschaft der Fabelgruppen. Eine Arbeit von Tietz, 1767–1768. Flankiert wird die Skulptur von zwei Steinbänken mit Rocailleornamentik.

Ziervase am Ende der durch die Irrgartenzone führenden Mittelachse, J. W. van der Auvera (Nr. 60)

Zum Fabelring zurückgekehrt, folgt man der lang gezogenen Nord-Süd-Achse der Irrgartenzone weiter in Richtung Süden und betritt den Lindensaal.

59 LINDENSAAL: Dieses Gartenmotiv besteht aus über 100 schachbrettförmig gepflanzten hochstämmigen Linden, deren Kronen so flach gehalten sind, dass das Sonnenlicht teilweise durch das dünne Blätterdach auf den Boden dringt und dort ein lebhaftes Licht- und Schattenspiel bewirkt. Zwischen dem dunklen Bereich des Suchens und Irrens (Irrgartenquartiere) und der lichten »Halle« des Erkennens (Lindensaal) liegt der Fabelring mit den von stoischer Lebensweisheit berührten Tiergruppen. Kein Zweifel, dass dieses ganze Quartier trotz seiner Asymmetrie als Einheit aufzufassen ist: als Sphäre einer besinnlichen, aber dennoch von Gartenlust erfüllten Stimmung. Inmitten des Lindensaals stand der im Zweiten Weltkrieg zerstörte Treillagepavillon, den der Hofstuckateur Materno Bossi 1771 geschaffen hatte. Das leichte, auf acht Holzpfeilern ruhende und in den vier abgeschrägten Seiten mit einem hölzernen Gitterwerk bekleidete Bauwerk trug eine reich geschweifte, mit Kupferblech gedeckte Dachhaube. Bekrönt wurde die Dachhaube von einer mit Blumen gefüllten Vase. Heute erinnert nur mehr der achteckige Platz und kleine aus dem Boden hervorragende Fundamentreste an dieses Bauwerk.

Den südlichen Endpunkt der Blickachse der Irrgartenzone bildet die nun vor einem liegende Ziervase (Nr. 60).

60 ZIERVASE: Die von Johann Wolfgang van der Auvera um 1755 angefertigte Vase ist mit einem Frauenkopf und Musikinstrumenten verziert (Abb. S. 173).

Von der Ziervase aus wendet man sich zunächst nach rechts, zur nahe gelegenen Orpheusgruppe.

61 ORPHEUSGRUPPE: Auf einem Grottenberg in einer baumumstandenen großen Heckennische singt und spielt der thrazische Sänger Orpheus auf seiner Lyra und wiegt sich dabei in tänzerischer Bewegung. Unter ihm lauschen Wildschwein, Adler, Hirsch, Auerhahn und Auerochse seinem Gesang. Orpheus war der Sohn der Muse Kalliope. Die Lyra hatte er, der antiken Sage nach, von Apollo, dem Führer der Musen, erhalten. Unter allen Sängern galt Orpheus als der Beste. Wenn er auf seiner Lyra spielte, dann neigten sich ihm die Bäume zu, scharten sich die wilden Tiere friedlich um ihn und selbst die Felsen weinten angesichts seines schönen Gesangs. Die von Ferdinand Tietz zwischen 1767 und 1768 angefertigte Skulpturengruppe erzählt diese Geschichte sehr plastisch und bewegt. Darüber hinaus wird Orpheus über die dunkle Fichtenallee direkt mit der Schlossterrasse in Verbindung gesetzt, auf deren Futtermauer seine Mutter Kalliope und Apollo aufgestellt sind.

Von der Orpheusgruppe geht man auf der südlichen Rand-
allee wieder zurück nach Osten, den Blick auf den zwei-
geschossigen Bau von Grottenhaus und Belvedere gerich-
tet. Dort angekommen, wendet man sich nach links und
geht gleich wieder rechts durch einen eher unscheinbaren
Heckendurchlass in die Östliche Dreieckszone.

ÖSTLICHE DREIECKSZONE (NR. 62–69)

Chronos stutzt
Amor die Flügel,
P. Wagner
(Nr. 64)

Der keilförmige Gebietsstreifen am Ostrand des Gartens,
der die Form eines lang gestreckten Dreiecks besitzt,
wurde erst in den Jahren 1771 bis 1776 angelegt. Er
ist der einzige Zwickel außerhalb der Randallee,
der gärtnerisch gestaltet und in den Hofgarten
einbezogen wurde. Die südliche und westliche
Zwickelfläche blieben Wirtschaftsflächen und
zählten nicht zum gestalteten Gartenbereich.
Insbesondere in seiner baulichen und skulp-
turalen Ausstattung ist in der Östlichen
Dreieckszone eine merkliche Wendung zum
Klassizismus zu erkennen. Wie die drei zuletzt
beschriebenen Gartenzonen, so besitzt auch diese Zone eine zentrale Längs- bzw. Mittelachse, die
im weitesten Sinne als Spiegelachse fungiert. Den
nördlichen Endpunkt dieser Mittelachse bildet die
Figur der Ceres (Nr. 69), den südlichen Gegenpol stellt das Grottenhaus mit dem darauf errichteten Belvedere (Nr. 62) dar. In der Mitte der Zone lag die große Kaskade, die im
Zweiten Weltkrieg bei einem Bombenan-
griff zerstörte wurde.
Die Östliche Dreieckszone wurde 1906 zu
wirtschaftlichen Zwecken eingeebnet, konnte aber unmittelbar nach dem Ersten Weltkrieg
in ungefährer Form wiederhergestellt werden.
Vom Grottenhaus als dem südlichen Blick-

punkt der Dreieckszone erstreckt sich eine erste konisch zulaufende Gartenzone in Richtung Norden bis zu den Resten der ehemaligen Kaskade. Ursprünglich flankierte eine in drei Abschnitte unterteilte Allee aus je zwei Reihen miniaturhaft geschnittener Formobstbäume diesen Bereich des Mittelweges. Gerahmt wurden die etwa drei Meter hohen, zu Kegeln oder hochstämmigen und mit kleinen Kesselkronen geformten Fruchtbäume von niedrigen Hecken mit Nischen, in denen abwechselnd Figuren, Urnen oder Steinbänke aufgestellt waren. Entlang der östlichen Gartenmauer wurde die Obstbaumallee auf ganzer Länge zusätzlich von flach gezogenen Obstspalieren begleitet. Der südliche Alleeabschnitt wurde ursprünglich nur aus kegelförmigen Formobstbäumen gebildet, heute steht hier links und rechts des Weges nur eine einzeilige Reihe von je sieben kleinen Buchsbaumkegeln. In den großen Mittelnischen der seitlichen Begrenzungshecken stehen die Figuren von Bacchus und Venus (Nr. 63). Der zweite Alleeabschnitt beginnt hinter der Engstelle, die von der eingerückten Hecke und den beiden flankierenden Urnenpaaren gebildet wird. In dem nun folgenden mittleren und nördlichen Abschnitt bestand die vierreihige Obstbaumallee ursprünglich aus je einer Reihe kegelförmiger Obstbäume direkt am Weg und je einer dahinterliegenden Reihe mit kleinkronigen Kesselbäumen. Heute werden diese beiden Alleeabschnitte ebenfalls nur noch durch niedrige Buchsbaumkegel gerahmt. Kurz vor der Kaskade (Nr. 65) schneidet sich der Mittelgang der Dreieckszone mit einer der von Osten nach Westen vorstoßenden Querachsen des Heckengartens. Hier war die Obstbaumallee durch einen bogenförmig mit einer Hecke gerahmten Platz unterbrochen. Dieser Platz existiert bis heute und ist mit den Figuren von Chronos, Apollo und Daphne (Nr. 64) ausgestattet. Nördlich der Kaskade wird die Zone immer schmäler, sodass hier heute nur noch begleitende Hecken den Mittelweg säumen. Ursprünglich führte dieser Wegeabschnitt durch einen sich nach Norden verjüngenden Laubengang, der erst am Stichweg zum Schießturm (Nr. 68) endete. Durch drei nach Westen ausgreifende Querachsen ist dieser nördliche Bereich in einzelne Abschnitte unterteilt. Als Endpunkt der ersten Querachse nach der Kaskade stehen heute eine Quellnymphe, Apollo und der Dornauszieher (Nr. 66) in einer Heckennische vor der östlichen Gartenmauer. Weiter nördlich, in der Querachse zum Gartentheater, befindet sich nochmals eine Figur des Apollo (Nr. 67). Kurz hinter der engsten Stelle dieser Zone springt die hohe Umgrenzungsmauer des Gartens rechtwinklig um etwa zwölf Meter zurück. Hier steht das älteste Bauwerk des Gartens, der alte Schießturm. Die Mittelachse reicht aber noch etwa 50 Meter weiter nach Norden und endet an der Figur der Ceres (Nr. 69).

Das Innere des Grottenhauses ist ganz mit bunten Muscheln, Glasflüssen und Steinen besetzt (Nr. 62)

Obwohl die gärtnerische Ausstattung nicht mehr die Üppigkeit des 18. Jahrhunderts aufweist, so ist doch die rhythmisch bewegte Folge von Raumabschnitten durch die einfache Wiederherstellung nach wie vor ablesbar. Insgesamt kann man festhalten, dass die Östliche Dreieckszone gegenüber der labyrinthischen Form der Irrgartenzone entschieden lockerer und idyllischer wirkt. Die überzeugende gärtnerische Gestaltung dieses höchst ungünstigen, weil spitz zulaufenden Restareals dürfte kaum ihresgleichen haben (Abb. S. 20/21). Sowohl in den Bauten und Skulpturen wie auch in den gärtnerischen Anlagen mischen sich reizvoll die Züge des ausklingenden Rokoko mit den elegisch-sentimentalen Aspekten des höfischen Klassizismus. Die Gartenplastik der gesamten Zone fertigte der würzburgische Hofbildhauer Johann Peter Wagner zwischen 1772 und 1779, nachdem Ferdinand Tietz schon 1768 wieder nach Bamberg zurückgekehrt war.

62 GROTTENHAUS MIT BELVEDERE: Über einer mit Kalktuffstein verkleideten ebenerdigen Grotte erhebt sich das im Grundriss achteckige Belvedere. Das zweiteilige

Gebäude wurde zwischen 1772 und 1773 nach Entwürfen des Würzburger Bauamtmanns Johann Philipp Geigel und des Hofstuckateurs Materno Bossi (1737–1802) errichtet und ausgestattet.

Unterbau: Die zum Oberstock bogenförmig aufsteigenden Steintreppen umschließen einen offenen Vorraum, dessen Wände mit einer künstlichen Felsarchitektur verkleidet sind. Die Treppenanläufe werden von säulenförmig aufwachsenden Nadelgehölzen flankiert. In kleinen Höhlen treibt seltsames Getier sein spukhaftes Wesen; Affen, Löwen, Drachen und andere fantastisch staffierte Tiere sind Stuckgebilde, die wie der Innenraum der Grotte malerisch inkrustiert sind. Im Inneren befindet sich ein achteckiger Grottensaal mit gedrücktem Kuppelgewölbe. Wandflächen, Säulen und Gebälk sind mit farbigen Steinen, Glasflüssen, Muscheln und Schnecken verkleidet. Selbst die (nicht benutzbaren) Kanapees, der Kronleuchter sowie die Dekoration der Wölbung sind weitgehend mit Muscheln inkrustiert, weshalb diese Architektur im Volksmund auch »Schneckenhaus« genannt wird. Die Konsolen des Kranzgesimses haben die Gestalt von Krebsen. In der Kuppel sieht man neben Jagdstücken die Wappen des Herzogtums Franken, des Hochstiftes Würzburg und des Geschlechtes der Seinsheim; außerdem erscheint das Monogramm des Erbauers, des Fürstbischofs Adam Friedrich von Seinsheim (AF). Die für diesen Grottensaal geplanten Wasserkünste kamen durch den plötzlichen Tod Seinsheims im Jahre 1779 nur im Ansatz zur Ausführung.

BELVEDERE: Der Außenbau des Belvedere ist, wie der Grottensaal darunter, bereits von klassizistischer Strenge in der Wandgliederung, aber noch heiter und bunt in der Inkrustation. Die Ecken sind durch ionische Halbsäulen betont, dazwischen liegen antikisierende Dekorationen mit Widderschädeln und Gehängen, Symbolen altrömischen Opferwesens. Der Bau knüpft hiermit merklich an die Formen der italienischen Spätrenaissance an. In der Kuppel des einfach gehaltenen Innenraums ein (stark kriegszerstörtes) Deckenfresko: Perspektivische Architekturmalerei umrahmt einen Ausblick auf Apoll mit dem Sonnenwagen, eine Arbeit des Malers Christoph Fesel. Vom Belvedere aus konnte man einst weite Teile des streng unter der Schere gehaltenen Gartens überschauen und den Blick über die hohe Gartenmauer hinweg in die umgebende Landschaft schweifen lassen.

63 BACCHUS UND VENUS: Die beiden Figuren wurden wohl als Schutzgottheiten des Grottenhauses hier aufgestellt. In der mittleren Nische der östlichen Begrenzungshecke steht Bacchus mit Reben und Panther. Gegenüber auf der westlichen Seite befindet sich Venus mit dem Amorknaben. Die Figuren stammen aus der Werkstatt des Johann Peter Wagner (1730–1809) und wurden zwischen 1772 und 1775 angefertigt.

64 CHRONOS, APOLLO UND DAPHNE: Als Blickpunkt eines vom Westen herkommenden Ganges sind diese drei Figuren thematisch als Gegensatz zur vorigen Gruppe aufzufassen. In der zentralen Heckennische vor der östlichen Gartenmauer steht der Zeitgott Chronos, der dem schreienden Amor die Flügel beschneidet. In der linken und rechten Heckennische an der östlichen Randallee stehen Apollo und Daphne. Daphne entzieht sich ihrem Verfolger, indem sie sich in einen Lorbeerbaum verwandelt. Auch diese Bildwerke stammen von Johann Peter Wagner (1772–1775).

65 KASKADE: Wo sich die vom Westen her leicht ansteigende Hauptquerachse des gesamten südlichen Hofgartens mit der Längsachse der Dreieckszone kreuzt, war zwischen 1772 und 1773 von dem würzburgischen Bauamtmann Johann Philipp Geigel, dem Hofstuckateur Materno Bossi und dem Hofbildhauer Johann Peter Wagner die Kaskade geschaffen worden. Sie wurde 1945, gegen Ende des Zweiten Weltkriegs, durch eine Fliegerbombe, die eigentlich die Bahnanlagen hinter dem Hofgarten hätte treffen sollen, fast völlig zerstört. Die unter Adam Friedrich von Seinsheim errichtete Kaskade wurde unmittelbar in die östliche Umgrenzungsmauer des Hofgartens eingefügt und diente als gewaltige Hintergrundkulisse der vom Großen See herkommenden Achse (Abb. S. 183). Das zentrale Motive dieses Bauwerks bildete der Meergott Neptun, der mit seinem Dreizack über den Quellgöttern thronte und zu dessen Füßen das Wasser über kleine Schalen kaskadenartig hinunterplätscherte. In seitlichen Nischen erschienen weitere Naturgottheiten als Spender der Wassermassen, die den Garten hangabwärts belebend durchströmten, um im Großen Bassin und seinen Wasserspielen wieder gesammelt hervorzutreten. Von der künstlichen Felsarchitektur der Kaskade stehen nur noch einige Ruinenstaffagen.

66 **NAJADE MIT APOLL UND DORNAUSZIEHER:** Vor der Gartenmauer in einer Heckennische die Najade oder Quellnymphe, die Wasser aus einer Urne gießt. Davor, an der Ecke zur Randallee, befindet sich ein sitzender Apoll, der auf der Leier spielt. Bei dem Dornauszieher auf der nördlichen Seite handelt es sich um die freie Nachbildung einer antiken Skulptur. Diese Gruppe ist wohl eine spätere Zusammenstellung dreier Werke aus der Werkstatt Wagners (1774–1775).

67 **APOLL:** Der Apoll steht am östlichen Ende der Mittelachse des Theaters, anstelle einer dort ehemals aufgestellten Tanzgruppe von Ferdinand Tietz. Die Skulptur Wagners stammt aus den Achtzigerjahren, also bereits aus der Zeit des Fürstbischofs Franz Ludwig von Erthal (reg. 1779–1795).

68 **SCHIESSTURM ODER »BLAUER TURM«:** Der sogenannte Blaue Turm ist ein aus dem 16. Jahrhundert stammender Wachtturm, der später bei der Jagd als Anstand diente. Gemeinsam mit dem Knick in der Umfassungsmauer deutet er die von West nach Ost verlaufende alte

Kaskade, 1945
zerstört, histori-
sche Aufnahme

Grenze des Besitzes in der zweiten Hälfte des 17. Jahrhunderts an, bevor Fürstbischof Peter Philipp von Dernbach die Anlage 1681 durch den Ankauf weiterer Güter
nach Süden ausdehnte und damit die Erweiterung des Hofgartens einleitete.

69 **CERES:** Als nördlicher Eckpunkt der Östlichen Dreieckszone steht die überlebensgroße Figur der Ceres, der
Göttin des Acker- und Weinbaus, mit einem Ährenbündel
in den Händen sowie dem Bacchusknaben und einer Garbe zu ihren Füßen. Auch sie ist ein Werk von Johann Peter Wagner aus den Achtzigerjahren des 18. Jahrhunderts
(Abb. S. 207).

*Der Rundgang durch den Garten ist damit beendet und
man kehrt über die östiche Seite der Schlossterrasse wieder zum Ausgangspunkt zurück.*

Zeittafel

1619	Erwerb der beiden Schlösschen auf dem Gebiet des späteren Hofgartens durch das Hochstift Würzburg.
1629	Erste Erwähnung eines Jörg Oth als Hofgärtner des fürstlichen Jagdsitzes.
1675–1683	Peter Philipp von Dernbach, Fürstbischof.
1680–1682	Bau des Sommerhauses, des Mittelteils d. heutigen Schlosses.
1681	Erweiterung des Grundbesitzes nach Süden.
1684–1698	Johann Gottfried von Guttenberg, Fürstbischof.
1691–1692	Erste Erweiterung des Sommerhauses durch zwei quadratische Anbauten.
1699–1719	Johann Philipp von Greiffenclau, Fürstbischof.
1700	Georg Adam Oth, Hofgärtner.
1702–1703	Anlage der Schlossterrasse, des Gartenparterres und der Umfassungsmauer. Schaffung der Wasseranlagen: zwei Ovalseen vor dem Schlossparterre, der Große See, ein Brunnenhaus östlich und ein Wasserturm westlich des Gartens.
1719–1724	Johann Philipp Franz von Schönborn, Fürstbischof.
1720	Einziehung von Zwischenwänden in verschiedenen Räumen des Sommerhauses.
1721	Anlage des Kleinen Sees durch den Wiesentheider Marck-Richte
nach 1721	Ältester erhaltener Gartenplan, vermutlich nach Entwurf von Antonio Petrini.

1733–1777	Georg Joseph Oth, Hofgärtner.
1748	Errichtung des Kavalierbaus anstelle des Echter-Schlösschens.
1749–1754	Carl Philipp von Greiffenclau, Fürstbischof.
1749	Errichtung eines »Küchen- und Nebengebäudes« anstelle des ehemaligen Reinstein'schen Wasserschlösschens.
1749–1753	Erweiterung des Sommerhauses zum Schloss durch zwei Seitenpavillons und Einbau eines neuen Treppenhauses durch Balthasar Neumann, Ausstuckierung der Räume durch Antonio Bossi.
1751	Das eingeschossige Wachthaus zwischen Ökonomiehof und Hofgarten und das Treibhaus an der nördlichen Hofgartenmauer werden errichtet.
1752	Auftrag an Johann Wolfgang van der Auvera zur Fertigung eines Figurenzyklus für das Schlossparterre und Entwurf Balthasar Neumanns für eine große Fontäne im Zentrum des Boskettgartens.
1755–1779	Adam Friedrich von Seinsheim, Fürstbischof.
1756–1763	Während des Siebenjährigen Krieges ruhen sämtliche Arbeiten.
1763	Beschluss Seinsheims zur Neugestaltung des Gartens.
1765	Die beiden runden Treillagepavillons in der Laubengangzone werden errichtet.
1765–1768	Plastische Ausgestaltung des Boskettgartens und seiner Randalleen durch den bambergischen Hofbildhauer Ferdinand Tietz.
1766	Vollendung des Parnass durch Tietz.
1767	Die beiden »Indianischen« Pavillons werden in der Irrgartenzone aufgestellt.

1768	Rückkehr des Ferdinand Tietz nach Bamberg.
1771	Beschluss Seinsheims zur Ausgestaltung der östlichen Randzone. Bau des Lindensaalpavillons.
1771–1776	Gestaltung der Östlichen Dreieckszone.
1771–1774	Bau von Kaskade und Grottenhaus.
1772–ca.1780	Plastische Ausgestaltung der östlichen Randzone durch den würzburgischen Hofbildhauer Johann Peter Alexander Wagner.
1774	Das südliche Gittertor (»Kaisertor«) wird von Anton Oegg angefertigt.
1775–1776	Aufstellung der Kindergruppen von Peter Wagner auf der Schlossterrasse.
1776	Einrichtung einer Aufseherstelle für den öffentlichen Park.
1777–1806	Johann Anton Oth, Hofgärtner.
1779–1795	Franz Ludwig von Erthal, Fürstbischof.
1791	Beseitigung der Komödiantenfiguren aus dem Gartentheater.
1803	Aufhebung des Hochstiftes Würzburg.
1803–1804	Verpachtung des Gartens.
1806–1814	Veitshöchheim wird Sommerresidenz des Großherzogs Ferdinand von Toskana.
1807–1808	Möblierung der Toskana-Zimmer im Schloss.
1810	Küchen-, Karpfen- und Hechtsee werden mit Erde verfüllt.
1814	Eingliederung Würzburgs in das Königreich Bayern; Veitshöchheim wird Sommerresidenz des Kronprinzen Ludwig.
1815	Der Sternplatz in der Irrgartenzone wird entfernt.
1823	Instruktion König Max I. Josephs zur Erhaltung d. Hofgartens.

um 1825 Pflanzung der Trauerweiden am Großen See und der Platanen im Großen Rondell (Laubengangzone) und am Kleinen See.

1837 Seidenraupenzucht im Hofgarten; es werden 2 140 Kokons nach München geliefert.

1843 König Ludwig I. ordnet die Instandsetzung der Veitshöchheimer Gartenfiguren an.

1845 Die vier Entenhäuser im Großen See sind in einem so desolaten Zustand, dass sie beseitigt werden müssen.

1846 König Ludwig I. verhindert, dass die geplante Eisenbahntrasse der Ludwigs-Westbahn von Bamberg über Würzburg nach Veitshöchheim durch die Lindenallee des Hofgartens geführt wird. Die daraufhin östlich des Gartens verlegte Strecke wird 1854 eingeweiht.

1856–1858 Bau des Veitshöchheimer Bahnhofs.

1880 Umfassende Säuberung und Reparatur des gesamten Kanalnetzes im Hofgarten.

1887–1914 Im südlichen Teil des Hofgartens besteht ein Gastronomiebetrieb (Bereich um den Lindensaal).

1902 Die »Königliche Wein-, Obst- und Gartenbauschule« wird gegründet und zunächst nur im Kavalierbau der Ökonomie am Hofgarten Veitshöchheim untergebracht. Nach und nach werden von der zur Landesanstalt für Weinbau und Gartenbau aufgewerteten Gartenbauschule sämtliche Gebäudeteile der ehemaligen Ökonomie genutzt (bis 1968).

1905/06 Die Östliche Dreieckszone wird nach alten Plänen rekonstruiert.

1919 Übergang von Schloss Veitshöchheim in die Verwaltung des ehemaligen Kronguts, die spätere Bayerische Verwaltung der staatlichen Schlösser, Gärten und Seen, nach deren Weisungen die staatliche Lehranstalt für Weinbau und Gartenbau den Park bis 1958 pflegt.

1922–1924	Das isoliert zwischen Kavalierbau und Küchenbau stehende eingeschossige Wachthaus wird abgerissen und durch einen neuen, zweistöckigen Bau ersetzt, der Küchenbau und Kavalierbau miteinander verbindet.
seit 1927	Überführung von Gartenplastiken ins Mainfränkische Museum zu Würzburg und Aufstellung von Kopien.
1928	Beginn der systematischen Erneuerung der Gartenanlagen.
1931–1932	Restaurierung der beiden Appartements im Obergeschoss des Schlosses.
1945	Zerstörung der Kaskade, des Pavillons im Lindensaal und einer Reihe von Figuren sowie Schäden im Mittelbau des Schlosses am Ende des Zweiten Weltkrieges.
1952	Wiederherstellung des Schlosses.
1968	Die Bayerische Landesanstalt für Weinbau und Gartenbau zieht in neue Gebäude am Ortsrand von Veitshöchheim.
1969/70	Das nördliche Nutzgartenareal wird verkauft.
seit 1970	Vervollständigung und Auswechslung des Skulpturenbestandes im Garten durch Abgusskopien.
1972	Die alte Stallung, Remise, Waschhaus und das ehemalige Büttnerhaus werden eingerissen.
1993–1997	Die große Fichtenallee wird wieder instand gesetzt.
1997	Wiederherstellung der Neumann'schen Fassadenfassung des Schlosses: ockergelbe Architekturglieder vor weißem Putz.
1997–1998	Teilwiederherstellung des ehemaligen Küchengartens.
2001–2005	Grundlegende Restaurierung der Schlossräume und aller Ausstattungsstücke.

Allegorie der Bildhauerei am Großen See, F. Tietz (Nr. 20)

2004   Sanierung des Schlossparterres.

2005   Wiedereröffnung des Schlosses mit neuer Gartenausstellung.

2005–2007   Wiederherstellung des Gartenbereichs nördlich des Schlosses.

ab 2008   Sanierung der Heckenwand um den Großen See.

Verzeichnis der Künstler und Gärtner

Literatur

JAKOB MAY: Beschreibung der königlichen Schlösser und Gärten von Würzburg, Aschaffenburg, Veitshöchheim, Werneck und Brückenau. Würzburg 1830, S. 50–60.

GEORG KARCH: Der Königliche Hofgarten mit dem Schlosse in Veitshöchheim nach Platon's Schule. Würzburg (4. Aufl.) 1881.

FELIX MADER: Die Kunstdenkmäler des Königreichs Bayern, 3. Bd., Heft III, Bezirksamt Würzburg. München 1911, S. 177–221.

HEINRICH KREISEL: Die Entwicklungsgeschichte des Veitshöchheimer Hofgartens. In: Münchner Jahrbuch der bildenden Kunst, N.F. III, München 1926, S. 45–74.

HEINRICH KREISEL: Probleme der Erhaltung der gärtnerischen Anlagen zu Veitshöchheim. In: Zeitschrift für Denkmalpflege, III. Jg. 1928/29, S. 137–143.

HEINRICH KREISEL: Schloss und Garten Veitshöchheim. Amtlicher Führer, Würzburg 1932.

CARL LAMB: Lebensphilosophie im Barockgarten, Veitshöchheim neu gedeutet. In: Neue Zeitung, Wochenschau, illustrierte Beilage vom 20./21.1., München 1951, S. 2.

HEINRICH KREISEL: Der Rokokogarten zu Veitshöchheim. München 1953.

MARGARETE KÄMPF: Das fürstbischöfliche Schloss Seehof bei Bamberg. In: 93. u. 94. Bericht des Historischen Vereins für die Pflege der Geschichte des Fürstbistums Bamberg, Bamberg 1956.

KONRAD RÖTHEL: Ferdinand Dietz. Der Figurenschmuck des Parks in Veitshöchheim. Stuttgart 1958 (Werkmonographien zur bildenden Kunst in Reclams Universal-Bibliothek Nr. 28).

XAVER SCHAFFER: Leidenschaftliches Rokoko, Die Plastik des Ferdinand Tietz, Augsburg 1958.

ERICH HERZOG: Verlorene Figuren von Ferdinand Dietz aus dem Parke von Seehof, in: Mainfränkisches Jahrbuch für Geschichte und Kunst 11, Würzburg 1959, S. 234–246.

WILHELM BIEBINGER: Der Schlossgarten von Seehof, seine Topographie und Figurierung. In: 96. Bericht des Historischen Vereins ... Bamberg, Bamberg 1959, S. 171–205.

WALTER TUNK: Veitshöchheim, Schloss und Garten. Amtlicher Führer, 1. Auflage München 1962.

DIETER HENNEBO, ALFRED HOFFMANN: Der architektonische Garten. Band 2 der »Geschichte der deutschen Gartenkunst«. Herausgegeben von Dieter Hennebo und Alfred Hoffmann. Hamburg 1965.

PETER PRACHER: Konservierung der Ledertapeten aus dem Schlösschen Veitshöchheim. In: Maltechnik Restauro 3/1974, S. 144–148.

BURKARD VON RODA: Adam Friedrich von Seinsheim. Auftraggeber zwischen Rokoko und Klassizismus. Zur Würzburger und Bamberger Hofkunst anhand der Privatkorrespondenz des Fürstbischofs (1755–1779). Veröffentlichungen der Gesellschaft für fränkische Geschichte, VIII. Reihe, Bd. 6. Neustadt/Aisch, 1980.

INGRID DENNERLEIN: Die Gartenkunst der Régence und des Rokoko in Frankreich. Worms 1981.

VERA STRUCHHOLZ: Veitshöchheim. Würzburg 1982.

HANS-PETER TRENSCHEL: Die Bozzetti-Sammlung. Kleinbildwerke des 18. Jahrhunderts im Mainfränkischen Museum Würzburg. Kataloge des Mainfränkischen Museums Würzburg, Band 2. Würzburg 1987.

BERND WOLFGANG LINDEMANN: Ferdinand Tietz, 1708–1777, Studien zu Werk, Stil und Ikonographie. Weißenhorn 1989.

HERMANN BAUER, HANS SEDLMAYR: Rokoko – Struktur und Wesen einer europäischen Epoche. Köln 1991.

OTTO SCHÖNBERGER: Clio und Chronos im Hofgarten zu Veitshöchheim. In: Mainfränkisches Jahrbuch für Geschichte und Kunst 43, 1991, S. 117–123.

ECKART RÜSCH: Der Bahnhof Veitshöchheim. Ein Königs- und Ausflugsbahnhof des 19. Jahrhunderts. In: Jahrbuch für Eisenbahngeschichte 24, Lübbecke 1992, S. 23–35.

LUDWIG WAMSER, TILMAN KOSSATZ u.a. (Hrsg): Jagdschlösser Balthasar Neumanns in den Schönbornlanden (= Arbeitshefte des Bayerischen Landesamtes für Denkmalpflege 68), München 1994.

FERDINAND WERNER: Der Hofgarten in Veitshöchheim. Worms 1998.

ESTHER JANOWITZ: Gartenkunstmuseum Schloss Fantaisie. München
2000.

MICHAELA KALUSOK: Der Rokoko-Garten in Veitshöchheim und sein
Skulpturenprogramm als Spiegel höfischer Festkultur des 18. Jahrhunderts. In: Hildegard Wiewelhove (Hrsg.): Gartenfeste. Das Fest
im Garten. Gartenmotive im Fest. Ausstellungskatalog Museum
Huelsmann. Bielefeld 2000, S. 47–63.

IRIS CH. VISOSKY-ANTRACK: Materno und Augustin Bossi, Stukkato-
ren und Ausstatter am Würzburger Hof im Frühklassizismus. München 2000.

WALTER TUNK und BURKARD VON RODA: Veitshöchheim, Schloss und
Garten. Amtlicher Führer, 9. Auflage. München 2001.

JOST ALBERT: Hofgarten Veitshöchheim. Kurzführer mit Gartenplan.
München 2005.

JOST ALBERT, GABRIELE EHBERGER: »Es kommen immer Leit aus
Würzburg und Frembde hierher ...«. Zur Geschichte des Rokokogartens Veitshöchheim. Begleitheft zur Ausstellung. München 2006.

VERENA FRIEDRICH: Veitshöchheim und Werneck als Nebenresiden-
zen Großherzog Ferdinands. In: Wolfgang Altgeld und Matthias
Stickler (Hrsg.): Italien am Main. Großherzog Ferdinand III. der
Toskana als Kurfürst und Großherzog von Würzburg (= Historische
Studien der Universität Würzburg, Bd. 7). Rahden/Westf. 2007,
S. 129–139.

GABRIELE EHBERGER: »wann der garten wird in seinen stand komen,
dörfte er villen beyfall finden« – Der Hofgarten Veitshöchheim. In:
Schönere Heimat, 97. Jahrgang, 2008, S. 3–8.

Residenz Würzburg mit Hofgarten

*Ehrenhof
mit
Frankonia-
brunnen
(links),
Treppen-
haus
(rechts)*

Die ehemalige Residenz der Würzburger Fürstbischöfe, 1720 bis 1744 im
Rohbau entstanden und bis 1780 fertig ausgestattet, gehört zu den bedeutendsten Schlossanlagen des Barock in Europa. Die Planung wurde dem damals noch jungen und unbekannten Architekten Balthasar Neumann vom
ersten Bauherrn, Fürstbischof Johann Philipp Franz von Schönborn, übertragen.
Für das weltberühmte, von Neumann stützenfrei überwölbte Treppenhaus
schuf 1752/53 der Venezianer Giovanni Battista Tiepolo das Deckenfresko
mit den vier Erdteilen. Das insgesamt 18 x 30 Meter messende Gemälde ist
eines der größten einteiligen Fresken, die je gemalt wurden.
Die großartige Raumfolge der Residenz mit ihrem Auftakt in Vestibül und
Gartensaal führt uns durch das Treppenhaus und den Weißen Saal weiter bis
in den ebenfalls von G. B. Tiepolo freskierten Kaisersaal. Die Wölbungen
dieser Haupträume hielten auch dem verheerenden Residenzbrand 1945
stand, während die Decken und Fußböden der den Kaisersaal flankierenden

Spiegelkabinett der südlichen Kaiserzimmer (oben); Blick in den Ostgarten (unten)

Kaiserzimmer zerstört wurden. Gerettete Einrichtungsgegenstände und Wandverkleidungen ermöglichten ihre Wiederherstellung.

Als Abschluss des Wiederaufbaus konnte 1987 das rekonstruierte Spiegelkabinett wiedereröffnet werden. Insgesamt sind über 40 Schlossräume zu besichtigen, die eine reiche Fülle von Möbeln, Wirkteppichen, Gemälden und anderen Kunstschätzen des 18. Jahrhunderts bergen. Die separat vom Residenzplatz aus zugängliche Hofkirche stellt einen Höhepunkt sakraler Kunst in Würzburg dar.

Sowohl Kunst- als auch Naturgenuss bietet ein Spaziergang durch den Hofgarten. Im Südgarten bildet das von kegelförmig geschnittenen Eiben umstellte Wasserbassin ein Zentrum der heutigen Gartenkonzeption. Vor der prachtvollen Ostfassade steigt der mit Puttengruppen von Johann Peter Wagner geschmückte Garten hangförmig an.

Festung Marienberg

Auf dem seit der späten Bronzezeit besiedelten Marienberg befand sich im frühen 8. Jahrhundert ein Kastell der fränkisch-thüringischen Herzöge mit einer Kirche. Ab 1200 entstand eine ungewöhnlich große Burg, die im Spätmittelalter und in der Renaissance ausgebaut und erweitert wurde. Die Erstürmung der Burg 1631 durch die Schweden im Dreißigjährigen Krieg veranlasste Fürstbischof Johann Philipp von Schönborn, den Marienberg mit einem Kranz gewaltiger Bastionen zu umgeben. 1945 brannte die Festung fast ganz aus, der Wiederaufbau dauerte bis 1990.

Das Fürstenbaumuseum der Bayerischen Schlösserverwaltung umfasst im ersten Obergeschoss die mit kostbaren Möbeln, Wandteppichen und Ge-

mälden ausgestattete Bibra-
wohnung, den Fürstensaal mit
frühgotischen Wandarkaturen
und dem großen Echterschen
Familienteppich sowie eine
fürstbischöfliche Schatz- und
Paramentenkammer. Im zweiten Obergeschoss hat das Mainfränkische Museum eine fes-
tungs- und stadtgeschichtliche
Sammlung eingerichtet.

Vom Burghof aus ist der 1 300
Quadratmeter große Fürstengarten zugänglich, der 1937/38
nach Plänen des frühen 18.
Jahrhunderts wiederhergestellt
wurde.

Das Scherenbergtor der
Festung Marienberg

SEHENSWÜRDIGKEITEN DER BAYERISCHEN SCHLÖSSERVERWALTUNG

www.schloesser.bayern.de

Ansbach ■ **Residenz der Markgrafen von Ansbach**
Paradeappartements des frühen Rokoko, Sammlung Ansbacher
Fayencen und Porzellan, Hofgarten mit Orangerie
TEL. (09 81) 95 38 39-0 · **FAX** (09 81) 95 38 39-40

Aschaffenburg ■ **Schloss Johannisburg**
Gemäldegalerie und Kurfürstliche Wohnräume, Sammlung von
Korkmodellen, Schlossgarten; Städtisches Schlossmuseum
TEL. (0 60 21) 3 86 57-0 · **FAX** (0 60 21) 3 86 57-16

■ **Pompejanum**
Nachbildung eines römischen Hauses und Antikenmuseum

■ **Schloss und Park Schönbusch**
Klassizistisches Schlösschen in englischem Landschaftsgarten

Bamberg ■ **Neue Residenz Bamberg**
Kaisersaal und barocke Prunkräume, Gemäldegalerie, Rosengarten
TEL. (09 51) 5 19 39-0 und 5 19 39-1 14 · **FAX** (09 51) 5 19 39-1 29

Bamberg/ ■ **Schloss Seehof**
Memmelsdorf Wohn- und Festräume, Rokokogarten, Kaskade mit Wasserspielen
TEL. (09 51) 40 95-70 · **FAX** (09 51) 40 95-72

Bayreuth ■ **Neues Schloss**
Markgrafenresidenz aus der Zeit des »Bayreuther Rokoko« mit Wilhel-
minen-Museum, Museum Bayreuther Fayencen, Hofgarten mit Orangerie
TEL. (09 21) 7 59 69-0 · **FAX** (09 21) 7 59 69-15

■ **Markgräfliches Opernhaus**

Bayreuth/ ■ **Gartenkunst-Museum Schloss und Park Fantaisie**
Donndorf **TEL.** (09 21) 73 14 00-11 · **FAX** (09 21) 73 14 00-18

Bayreuth/ ■ **Altes Schloss Eremitage**
Eremitage Wohnräume der Markgräfin Wilhelmine, Grotte, historische
Gartenanlage mit Wasserspielen
TEL. (09 21) 7 59 69-37 · **FAX** (09 21) 7 59 69-87

Bayr./Wonsees ■ **Felsengarten und Morgenländischer Bau**
Sanspareil Rokokoräume, Gartenparterre und Felsengarten
TEL. (0 92 74) 9 09 89-06 · **FAX** (0 92 74) 9 09 89-07

■ **Burg Zwernitz** · Burganlage

Burg
Lauenstein
Ludwigsstadt

Schloss
Rosenau
Coburg
Veste Coburg
Schloss Ehrenburg
Kulmbach
Plassenburg
Burg Zwernitz
Neue Residenz
Bamberg
Schloss
Seehof
Bamberg
Alte
Hofhaltung
Felsengarten Sanspareil
Bayreuth
Schloss Eremitage
Markgräfliches Opernhaus
Neues Schloss Bayreuth
Schloss
Fantaisie

Schaffenburg
Aschaffenburg
Pompejanum

Schloss Johannisburg
Schloss
Pompejanum

Schloss Veitshöchheim
Residenz Würzburg
Würzburg
Festung
Marienberg

Schnaittach
Festung
Rothenberg
Cadolzburg
Tucherschlösschen
Nürnberg
Kaiserburg
Nürnberg

Residenz Ansbach
Ansbach

Residenz Ellingen
Weissenburg
Eichstätt
Rosenburg
Riedenburg
Befreiungshalle Kelheim
Kelheim
Burg
Prunn
Regensburg

Willibaldsburg
Schloss Neuburg
Neuburg

Dillingen
Schloss
Höchstädt

Stadtresidenz
Landshut
Landshut
Burg Trausnitz

Neu-Ulm
Augsburg
Schloss Dachau
Schloss Lustheim
Schloss Schleißheim
Englischer Garten
Schloss
Nymphenburg
Residenz München
München
Ruhmeshalle und Bavaria
Künstlerhaus Gasteiger
Ammersee
Roseninsel
Park Feldafing
Starnberger
See
Burg
Burghausen

Residenz
Kempten
Kempten
Forggen-
see
Staffel-
see
Schloss Linderhof
Ettal
Garmisch-Partenkirchen
Füssen
Schloss
Neuschwanstein
Königshaus
am Schachen
Tegern-
see
Schloss
Herrenchiemsee
Chiem-
see
Künstlerhaus
Exter
St. Bartholomä
Königs-
see

Bodensee
Lindau

Burghausen ■ **Burg zu Burghausen**
Burganlage, Herzogliche Wohnräume, Kapelle, Staatsgalerie
altdeutscher Meister und Historienbilder, Aussichtsplattform
TEL. (0 86 77) 46 59 · **FAX** (0 86 77) 6 56 74

Cadolzburg ■ **Burg und Burggarten**
TEL. (09 11) 24 46 59-0 · **FAX** (09 11) 24 46 59-300

Coburg ■ **Schloss Ehrenburg**
Historische Wohn- und Prunkräume des Barock u. 19. Jahrhunderts
TEL. (0 95 61) 80 88-32 · **FAX** (0 95 61) 80 88-31

Coburg/ ■ **Schloss Rosenau**
Rödental Wohnräume der Biedermeierzeit und neugotischer Marmorsaal,
englischer Landschaftsgarten
TEL. (0 95 63) 30 84-10 · **FAX** (0 95 61) 30 84-29

Dachau ■ **Schloss Dachau**
Renaissance-Festsaal, barockes Treppenhaus, Hofgarten
TEL. (0 81 31) 8 79 23 · **FAX** (0 81 31) 7 85 73

Eichstätt ■ **Willibaldsburg**
Festungsanlage, Juramuseum, Ur- u. Frühgeschichtsmuseum,
Bastionsgarten
TEL. (0 84 21) 47 30 · **FAX** (0 84 21) 81 94

Ellingen ■ **Residenz Ellingen**
Paradeappartements des Fürsten Wrede, Deutschordensräume,
Schlosskirche, historischer Park
TEL. (0 91 41) 9 74 79-0 · **FAX** (0 91 41) 9 74 79-7

Feldafing am ■ **Park Feldafing und Roseninsel**
Starnberger See **TEL.** (0 81 51) 69 75 · **FAX** (0 81 51) 36 81 23

Herrenchiemsee ■ **Königsschloss Herrenchiemsee (Neues Schloss)**
Wohn- und Repräsentationsräume, historische Gartenanlage
mit Wasserspielen, **König Ludwig II.-Museum**
TEL. (0 80 51) 68 87-0 · **FAX** (0 80 51) 68 87-99

■ **Museum im Augustiner-Chorherrenstift Herrenchiemsee
(Altes Schloss)**
Dauerausstellung zum Kloster Herrenchiemsee und zum Ver-
fassungskonvent; Prunkräume im Fürstenstock; Wohnräume König
Ludwigs II.; Galerie Julius Exter; Galerie Maler am Chiemsee

200

Höchstädt ■ **Schloss Höchstädt**
Ausstellung »Die Schlacht von Höchstädt 1704«, Kapelle,
Sammlung südwestdeutscher Fayencen
TEL. (0 90 74) 95 85-7 12 · **FAX** (0 90 74) 95 85-7 91

Holzhausen ■ **Künstlerhaus Gasteiger**
Sommervilla mit Werken von A. und M. Gasteiger, Landschaftsgarten
TEL. (0 88 06) 6 99

Kelheim ■ **Befreiungshalle**
Klassizistischer Denkmalbau, eindrucksvolle Kuppelhalle,
Umgang mit Ausblick
TEL. (0 94 41) 6 82 07-10 · **FAX** (0 94 41) 6 82 07-20

Kempten ■ **Residenz Kempten**
Prunkräume und Thronsaal der Fürstäbte
TEL. (08 31) 2 56-2 51 · **FAX** (08 31) 2 56-2 60

Königssee ■ **St. Bartholomä**
Jagdschloss, Kapelle St. Johann und Paul, Naturpark Berchtesgaden
TEL. (0 80 51) 9 66 58-0 · **FAX** (0 80 51) 9 66 58-38

Kulmbach ■ **Plassenburg**
Schöner Hof, Markgrafenzimmer, Hohenzollernmuseum,
Armeemuseum »Friedrich der Große«
TEL. (0 92 21) 82 20-0 · **FAX** (0 92 21) 82 20-26

Landshut ■ **Burg Trausnitz**
Burganlage, mittelalterliche Säle, Burgkapelle, Narrentreppe,
Wohnräume mit Renaissanceausstattung, Kunst- und Wunderkammer
TEL. (08 71) 9 24 11-0/-44 · **FAX** (08 71) 9 24 11-40

■ **Stadtresidenz**
Arkadenhof, italienische Renaissancesäle, Kapelle,
klassizistische Birkenfeldzimmer

Lauenstein bei ■ **Burg Lauenstein**
Ludwigsstadt Burganlage, Wohnräume, volkskundliche Sammlungen
TEL. (0 92 63) 4 00 · **FAX** (0 92 63) 97 44 22

Linderhof ■ **Schloss Linderhof**
Wohn- u. Repräsentationsräume, Venusgrotte, Marokkanisches Haus,
Maurischer Kiosk, Hundinghütte und Einsiedelei des Gurnemanz,
historische Gartenanlage mit Wasserspielen
TEL. (0 88 22) 92 03-0 · **FAX** (0 88 22) 92 03-11

München ■ **Residenz München**
Historische Wohn- und Prunkräume aus der Zeit der Renaissance
bis zum 19. Jahrhundert, Hofkirchen und -kapellen, Spezialsamm-
lungen (Silber, Porzellan, Paramente, Reliquien), Hofgarten
TEL. (0 89) 2 90 67-1 · **FAX** (0 89) 2 90 67-2 25

Schatzkammer der Residenz

Cuvilliés-Theater

■ **Feldherrnhalle**

■ **Ruhmeshalle und Bavaria**
auf der Theresienhöhe

■ **Schloss Nymphenburg**
Fürstliche Prunkräume, Festsaal, Schönheitengalerie, Schlosskapelle
TEL. (0 89) 1 79 08-0 · **FAX** (0 89) 1 79 08-6 27

Amalienburg, Badenburg, Pagodenburg, Magdalenenklause
im historischen Schlosspark

Marstallmuseum
Höfische Kutschen und Schlitten, Reit- und Sattelzeug

Museum Nymphenburger Porzellan
Sammlung Bäuml

■ **Englischer Garten**
Landschaftsgarten im englischen Stil
TEL. (0 89) 3 86 66 39-0 · **FAX** (0 89) 3 86 66 39-23

München/Ober- ■ **Neues Schloss Schleißheim**
schleißheim Festsäle, Prunkappartements, Staatsgalerie europäischer Barockmalerei, barocker Hofgarten
TEL. (0 89) 31 58 72-0 · **FAX** (0 89) 31 58 72-50

■ **Schloss Lustheim**
Museum Meißener Porzellan, Festsaal

Neuburg ■ **Schloss Neuburg a.d. Donau**
a.d. Donau Sgraffitofassade, erste protestantische Kapelle, Grotten;
Schlossmuseum Pfalz-Neuburg und Kirchlicher Barock,
Archäologie-Museum, Staatsgalerie Flämische Barockmalerei
TEL. (0 84 31) 64 43-0 · **FAX** (0 84 31) 64 43-44

Neuschwan- ■ **Schloss Neuschwanstein**
stein/ Wohn- und Repräsentationsräume
Schwangau **TEL.** (0 83 62) 9 39 88-0 · **FAX** (0 83 62) 9 39 88-19

Nürnberg ■ **Kaiserburg Nürnberg**
Palas, Stilräume, Doppelkapelle, Tiefer Brunnen und Sinwellturm,
Burggarten
TEL. (09 11) 24 46 59-0 · **FAX** (09 11) 24 46 59-300

Prunn ■ **Burg Prunn**
im Altmühltal Historische Burgräume, Kapelle
TEL. (0 94 42) 33 23 · **FAX** (0 94 42) 33 35

Riedenburg ■ **Burg Rosenburg**
Burganlage mit privat betriebenem Falkenhof
TEL. (0 94 42) 27 52 · **FAX** (0 94 42) 32 87

Schachen ■ **Königshaus am Schachen**
Wohnräume und Türkischer Saal, Alpengarten
TEL. (0 88 22) 92 03-0 · **FAX** (0 88 22) 92 03-11

Schnaittach ■ **Festung Rothenberg**
Ruine einer Festungsanlage aus dem 18. Jahrhundert
TEL. (0 91 53) 80 78 (Heimatverein)

Übersee/ ■ **Künstlerhaus Exter**
Feldwies mit Atelier des Malers Julius Exter und Künstlergarten
TEL. (0 86 42) 89 50-83 · **FAX** (0 86 42) 89 50-85

Veitshöchheim ■ **Schloss und Park Veitshöchheim**
Historische Wohnräume, Ausstellung zur Gartengeschichte,
Rokokogarten mit Wasserspielen
TEL. (09 31) 9 15 82

Wonsees ■ siehe Bayreuth

Würzburg ■ **Residenz Würzburg**
Barocke Prunkräume, Fresken von G. B. Tiepolo,
Gemäldegalerie, Hofgarten
TEL. (09 31) 3 55 17-0 · **FAX** (09 31) 3 55 17-25

■ **Festung Marienberg**
Festungsanlage, Fürstenbaumuseum mit Schatzkammer,
Paramentensaal und stadtgeschichtliche Sammlungen,
Maschikuliturm, Fürstengarten; Mainfränkisches Museum

DIE PUBLIKATIONEN
DER BAYERISCHEN SCHLÖSSERVERWALTUNG

Die Bayerische Schlösserverwaltung gibt zu allen Sehenswürdigkeiten farbig illustrierte Amtliche Führer heraus, die meist in mehreren Fremdsprachen vorliegen. Zu zahlreichen Parkanlagen sind Gartenpläne mit bebilderten Kurztexten erhältlich. Ausstellungs- und Bestandskataloge, Bildhefte und wissenschaftliche Veröffentlichungen runden das vielfältige Publikationsangebot ab. Neben den Büchern gibt es aber auch Plakate und CD-ROMs zu einzelnen Objekten oder Themen.

Die Besucherinformation »Staatliche Schlösser und Gärten in Bayern« mit den aktuellen Öffnungszeiten, Eintrittspreisen, Ansprechpartnern und einem Kurzüberblick über die einzelnen Objekte kann gegen eine Schutzgebühr von 2,45 EUR in Briefmarken bestellt werden. Das komplette Programm der Veröffentlichungen kann kostenfrei angefordert werden:

 Bayerische Verwaltung der
staatlichen Schlösser, Gärten und Seen

Postfach 20 20 63 · 80020 München
Tel. (0 89) 1 79 08-0 · Fax (0 89) 1 79 08-190
shop@bsv.bayern.de · www.schloesser.bayern.de

AMTLICHE FÜHRER

Deutsch, teilweise auch in Englisch, Französisch, Italienisch, Spanisch und Japanisch erhältlich

Ansbach	Residenz Ansbach mit Hofgarten und Orangerie
Aschaffenburg	Schloss Aschaffenburg; Pompejanum Aschaffenburg
	Schloss und Park Schönbusch
Bamberg/Memmelsdorf	Neue Residenz Bamberg; Schloss und Park Seehof
Bayreuth	Eremitage zu Bayreuth
	Markgräfliches Opernhaus Bayreuth
	Neues Schloss Bayreuth
Bayreuth/Wonsees	Felsengarten Sanspareil – Burg Zwernitz
Burghausen	Burg zu Burghausen
Coburg	Schloss Ehrenburg Coburg
Coburg/Rödental	Schloss Rosenau
Dachau	Schloss Dachau
Eichstätt	Willibaldsburg Eichstätt
Ellingen	Residenz Ellingen
Feldafing	Die Roseninsel im Starnberger See
Herrenchiemsee	Augustiner-Chorherrenstift u. Königsschloss Herrenchiemsee
Kelheim	Befreiungshalle Kelheim
Königssee	St. Bartholomä am Königssee
Kulmbach	Plassenburg ob Kulmbach
Landshut	Burg Trausnitz Landshut; Stadtresidenz Landshut
Lauenstein bei Ludwigsstadt	Burg Lauenstein
Linderhof	Schloss Linderhof
München	Residenz München; Schatzkammer der Residenz München
	Altes Residenztheater in München (Cuvilliés-Theater)
	Englischer Garten München; Ruhmeshalle und Bavaria
	Nymphenburg, Schloss, Park und Burgen
	Marstallmuseum Schloss Nymphenburg in München
Neuburg a. d. Donau	Schloss Neuburg an der Donau
Neuschwanstein/Schwangau	Schloss Neuschwanstein
Nürnberg	Kaiserburg Nürnberg
Oberschleißheim	Schlossanlage Schleißheim
Prunn	Burg Prunn
Riedenburg	Burg Rosenburg in Riedenburg an der Altmühl
Schachen	Königshaus am Schachen
Veitshöchheim	Schloss und Hofgarten Veitshöchheim
Würzburg	Festung Marienberg zu Würzburg
	Residenz und Hofgarten Würzburg

INFORMATIONEN

Diese 10., neu bearbeitete Nachkriegsauflage des Amtlichen Führers fußt auf den vorangegangenen Auflagen von Walter Tunk (1. Auflage 1962) und Burkard von Roda (Ergänzungen ab 4. Auflage 1982), die wiederum auf den Forschungen von Heinrich Kreisel (s. Literaturverz.) aufbauen. Für die 10. Auflage wurden die Kapitel zur Geschichte und zum Garten von Jost Albert neu bearbeitet, die Kapitel zum Schloss durch Werner Helmberger.

Ceres,
P. Wagner
(Nr. 69)

Abbildungsnachweis: Jost Albert: U4 oben, S. 25, 33, 108–109, 120, 121, 132, 145, 152, 153, 167, 168, 173 • Bayer. Schlösserverwaltung/Andrea Gruber, Rainer Herrmann, Ulrich Pfeuffer, Maria Scherf u.a.: U1, U4 unten, S. 3, 4, 5, 7, 8, 9, 17, 23, 28, 31, 38, 41, 48–49, 54, 55, 56, 57, 58–59, 61, 63, 64, 66–67, 68, 69, 70–71, 73, 74, 75, 78, 80–81, 83, 85, 86, 93, 95, 96, 97, 102, 115, 118, 119, 123, 126, 127, 133, 134, 135, 137, 151, 158, 159 unten, 171, 176, 179, 195, 196 unten, 207 • Bayer. Landesvermessungsamt München: S. 37 (Kartengrundlage) • Manuel Bechtold: S. 107 • Anton J. Brandl, München: S. 94, 105, 125, 159 oben, 175, 194, 196 unten, 197 • Gabriele Ehberger: S. 32, 122, 140, 141, 143, 161, 169, 189 • Lothar Fischer (Nachlass): S. 34–35 • Foto Gundermann, Würzburg: S. 154, 155, 156, 157, 172, 183 • Germanisches Nationalmuseum/J. Musols: S. 65 • Gerhard Launer, WFL-GmbH, Rottendorf: S. 88–89 • F. Monheim: S. 130–131 • Barbara Müller: S. 98–99 • Konrad Rainer, Salzburg: S. 42–43, 50 • Staatsbibliothek Bamberg/Rolf Nachbar, Reichenberg: S. 18–19 • Herbert Weißmann GmbH, München: S. 10, 14–15, 20–21, 24, 26–27, 29, 111, 112, 113 • Ferdinand Werner, Worms: S. 148.
Wir haben uns bemüht, alle Rechteinhaber der Fotoaufnahmen ausfindig zu machen. Im Falle einer versehentlichen Rechtsverletzung wird um kurze Nachricht gebeten.

Gartenplan: Zeichnung: Norbert Nordmann; grafische Bearbeitung: Kochan & Partner, München

Pläne: Ingenieurbüro Gerd Kieser, Veitshöchheim: S. 44, 45 (grafische Bearbeitung: Zenk Design Group München)

Verzeichnis der Künstler und Gärtner: Irmgard Killing

1. Auflage der Neufassung
© Bayerische Verwaltung der staatlichen Schlösser, Gärten und Seen, München 2009
Projektleitung: Kathrin Jung
Lektorat: Irmgard Killing
Grafische Gestaltung: Verena Fleischmann, München
Lithografie: Reproline Genceller, München
Druck: Aumüller Druck KG Regensburg
ISBN 978-3-932982-89-7
Printed in Germany

Gartenplan

Schloss Veitshöchheim

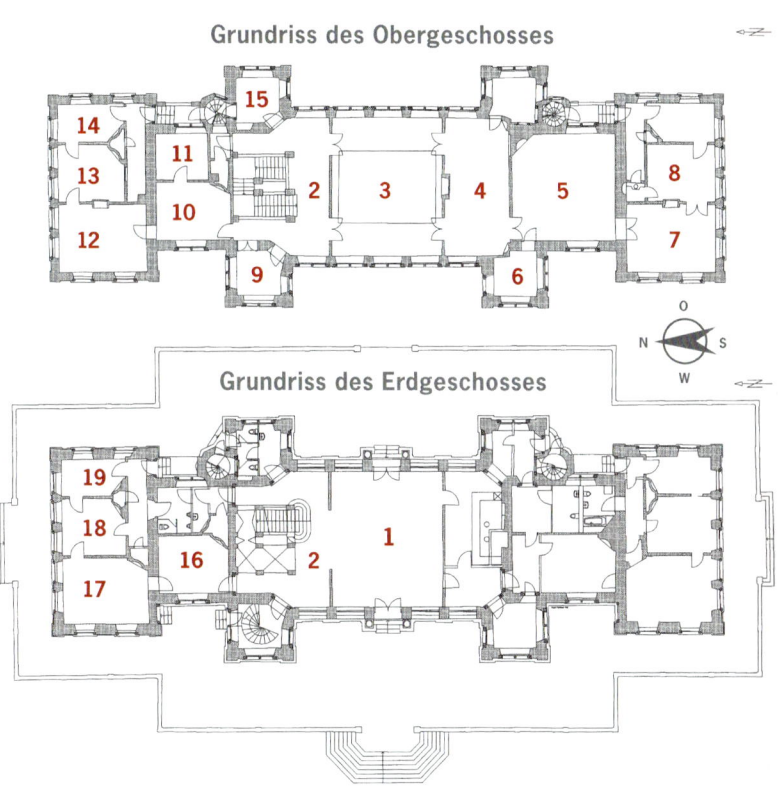

Grundriss des Obergeschosses

Grundriss des Erdgeschosses

1 Gartensaal	**6** Turmzimmer	**12** Wohnzimmer
2 Treppenhaus	**7** Wohnzimmer	**13** Schlafzimmer
	8 Schlafzimmer	**14** Dienerzimmer
3–8 **Fürstbischöf-**	**9** Kapelle	**15** Anrichte
liches		
Appartement:	**10–14** **Toskana-**	**16–19** **Garten-**
3 Saal	**Appartement:**	**ausstellung**
4 Billardzimmer	**10** Vorzimmer	
5 Gobelinzimmer	**11** Schreibkabinett	